Béatrice Acklin Zimmermann, Ulrich Siegrist, Hanspeter Uster (Hg.)

Ist mit Religion ein Staat zu machen?
Zu den Wechselbeziehungen von Religion und Politik

TVZ

paz in der Edition NZN bei TVZ, Band 5
Reihe der Paulus-Akademie Zürich

Béatrice Acklin Zimmermann
Ulrich Siegrist
Hanspeter Uster (Hg.)

Ist mit Religion ein Staat zu machen?

Zu den Wechselbeziehungen von
Religion und Politik

EDITION **N Z N**
BEI **T V Z**

Theologischer Verlag Zürich

Die Deutsche Bibliothek – Bibliografische Einheitsaufnahme
Die Deutsche Bibliothek verzeichnet diese Publikation in der Deutschen Nationalbibliografie;
detaillierte bibliografische Daten sind im Internet über http://dnb.ddb.de abrufbar

Umschlaggestaltung: Simone Ackermann, Zürich
Satz und Layout: Verena Schaukal, Paris
Druck: ROSCH-BUCH GmbH Scheßlitz

ISBN 978-3-290-20056-5

© 2009 Theologischer Verlag Zürich
www.tvz-verlag.ch

Inhaltsverzeichnis

Einleitung

Die Erwartung der Aufklärung, die Bedeutung der Religion werde unaufhaltsam zurückgehen, hat sich in dieser Form nicht bewahrheitet. Spätestens seit der Jahrtausendwende finden religiöse Fragen und Themen zunehmend Beachtung in der Politik und Öffentlichkeit. Das spannungsvolle Verhältnis zwischen säkularer Gesellschaft und Religion steht dabei weit oben auf der internationalen politischen Agenda: Religion wird als motivierende, aber auch als bedrohliche und schwer kontrollierbare Kraft in gesellschaftspolitischen Zusammenhängen wahrgenommen.

Seien es nun islamische Staaten, europäische Nationalstaaten oder die als demokratische Supermacht der Welt geltenden USA – es fragt sich, ob man deren Politik verstehen kann, ohne das religiöse Element in ihren Motiven zu entschlüsseln, sei es nun fundamentalistisch aufgeladen oder zivilreligiös moderiert. Selbst im westlichen Kontinentaleuropa, wo die sogenannte Säkularisation sich noch am ehesten durchgesetzt hat, sind in jüngster Zeit unvermutet religionspolitische Konflikte aufgebrochen. Erinnert sei etwa an den Disput um die religiösen Traditionen des Kontinents in den Schlussberatungen über die Europäische Verfassung oder die Auseinandersetzungen im Zusammenhang mit dem Karikaturenstreit.

Vor diesem Hintergrund stellt sich die Frage nach dem Verhältnis von Religion und Politik in zugespitzter Weise: Ein Verhältnis, das aus vielerlei Gründen spannungsvoll ist und das sich in der Vergangenheit zuweilen unglücklich, wenn nicht fatal auswirkte. In der neueren Geschichte der europäischen Nationalstaaten bis hin zur Gegenwart wurden unterschiedliche Weisen entwickelt, Religion und Politik, Kirche und Staat in ein sinnvolles Verhältnis zueinander zu bringen. Doch gerade dieses Verhältnis wird in jüngster Zeit vielerorts und von verschiedenen Seiten her in Frage gestellt: Wie soll – so heisst es – die Politik mit der Religion umgehen? Wie lassen sich die Geltungsansprüche von Religionen mit den Geboten von Toleranz und demokratischer Politik in Einklang bringen? Wie hält es der Staat mit der Religion der anderen, der Minderheiten und

Immigranten? Sind religiöse Argumente in politischen Diskursen demokratisch verfasster Staaten überhaupt zulässig?

Wenn es so ist, dass «Europa [...] sich [...] zu einem grossen Teil religiös [definiert], ob es das will oder nicht»[1], dann ist zu klären, inwiefern religiöse Faktoren in die Politik der heutigen Schweiz hineinspielen: Wie ist das Verhältnis von Religion und Politik in der modernen Schweiz zu bestimmen, in der es nie eine Staatskirche oder Staatsreligion gegeben hat und in der das Verhältnis zu Kirchen und Religionen an die Kantone delegiert und daher unterschiedlich ist? Dass Religion (auch) hierzulande eine zunehmend wichtige Rolle spielt, zeigen nicht zuletzt die jüngsten, emotionsgeladenen Auseinandersetzungen im Zusammenhang mit der Abstimmung über das Stammzellforschungsgesetz, das Asylgesetz oder die Minarettinitiative.

Am 2. Oktober 2008 fand an der Paulus-Akademie Zürich ein Symposium statt mit dem Titel: «Ist mit Religion ein Staat zu machen? Zu den Wechselbeziehungen von Religion und Politik». Im Zentrum des Interesses stand das Verhältnis von Religion und Politik in der modernen Schweiz, zu deren Beginn ein Bürgerkrieg tobte, in dem es wesentlich *auch* um Religion ging. Im vorliegenden Sammelband werden die an der Paulus-Akademie Zürich gehaltenen Vorträge zusammengeführt. Im Fokus der Autoren stehen in einem ersten Teil grundsätzliche Überlegungen zum Verhältnis von Religion und Politik in Modernisierungsprozessen, zur Rolle der Religion bei der Herausbildung des modernen Staates und zu den Auswirkungen der in den letzten Jahren stark veränderten religiösen Landkarte auf die Wechselbeziehungen von Politik und Religion. In einem zweiten Teil wird das Zusammenspiel von Religion und Politik an Einzelbeispielen konkretisiert, auf seine Tragfähigkeit überprüft und über die Erneuerung dieser Beziehung nachgedacht.

Thomas Maissen vertritt die These, dass die Religion seit den Anfängen der Eidgenossenschaft in historischer wie politischer Hinsicht eine besondere Rolle spielte. Dass dies mit der politischen Struktur der Eidgenossenschaft und deren Wandel zu tun hatte, wird ausgehend von den Landfriedensbündnissen dargestellt. Die Eidgenossen erlebten sich über die Kantonsgrenzen hinweg als Einheit von «frumen edlen puren», als Gottes «volks usserkorn». Auch Zwinglis Reform argumentierte auf dieser Linie, doch entstand mit nunmehr zwei Konfessionen ein Problem, da nicht mehr wie im Spätmittelalter beansprucht werden konnte, *ein* «Volk Gottes» zu sein. Deshalb erfolgte die Staatsbildung bis 1798

---

1 Dieter RULOFF, Rückkehr der Religion in die Politik, in: DERS. (Hg.), Religion und Politik, Zürich 2001, 9–26, zit. 11.

nur in den Kantonen. Ein überkonfessionaler Ansatz blieb städtisch-elitär. Der Autor stellt – ausgehend vom konfessionell geprägten Sonderbundskrieg – die Entstehung und Entwicklung des Bundesstaates seit 1847/48 dar und thematisiert dabei auch die Integration des bis 1891 im Bund ausgeschlossenen politischen Katholizismus. Seine Überlegungen über die Zwischenkriegszeit beendet Maissen mit dem Verweis auf den reformierten Pfarrersohn Blocher und der Feststellung, dass der zivilreligiöse Appell an das Freiheits- und Neutralitätskonzept keine konfessionellen Grenzen mehr kennt. Die Glaubensfrage ist ein Identitätsraum in Gemeinde und Kanton geblieben; konsequenterweise hat sich nie eine Staatskirche oder Staatsreligion der Schweiz entwickelt.

Hermann Lübbe fokussiert in seinem Beitrag die zunehmende politisierende Kraft der Religionen. Dabei legt er dar, dass Religionen, die nach dem Ende des Kalten Krieges weltweit als ein Faktor politischer Auseinandersetzungen auffällig geworden sind, vor allem als Konflikt verschärfende Kräfte anstatt als Friedensmächte in Erscheinung treten. Zur Stützung seiner These, dass religiös formierte Kräfte weltpolitische Fronten eröffnet haben, ruft der Autor zahlreiche Fakten in Erinnerung, seien es nun der 2. Irak- oder der Balkankrieg. Gerade die Balkankrise lehrt nach der Meinung von Lübbe, dass die USA, die sich im Unterschied zum säkularisierten Europa durch eine starke Zivilreligion bei gleichzeitiger strikter Trennung von Staat und Kirche auszeichnen, sich als das Land der grösseren Empfindlichkeit für die religionspolitischen Implikationen dieses Konfliktes erwiesen haben und ihre Politik zukunftsfähiger gewesen ist als die politische Option zahlreicher Länder der Europäischen Union. Den Kritikern an der zivilreligiös konnotierten Politik der USA hält Lübbe entgegen, dass sie die auch in unserem Jahrhundert neu verschärften politischen Potentiale der Religion verkennen und überdies die speziell historischen Gründe übersehen, die in den USA die Religion als einen Faktor des öffentlichen und politischen Lebens sichtbarer als in Europa sein lassen. In ihrer Suche nach einer Strategie, mit der erfolgreich auf die global gewordene terroristische Herausforderung reagiert werden könnte, ist die internationale Politik laut Lübbe gefordert, vermehrt auch den religionspolitischen Aspekten der Sache Rechnung zu tragen.

Die Wahrnehmung anderer Bekenntnisse muss nicht zwingend zur Relativierung des eigenen Bekenntnisses führen. Gemäss *Peter Voll* macht Religion nicht den Staat, sondern der (liberale) Staat ist eine der Pluralität von Religionen vorgelagerte Rahmenordnung. Hingegen lässt sich nach Meinung des Autors mit Religiosität Politik machen, etwa wenn einzelne Bekenntnisse ihre Idee allgemein verbindlich machen wollen, wenn rein säkulare Interessen religiös überhöht werden, wenn religiöse mit nationalen oder wirtschaftlichen Identitäten gekoppelt werden; oder wenn bestimmte Bekenntnisse entweder durch Verbote oder durch

Privilegien von aussen her politisiert werden. Sodann kann die Rechtsordnung durch an sich neutrale und für alle geltenden Regeln (Tierschutz; Bestattungsordnung; Schwimmunterricht) die einzelnen Glaubensgemeinschaften doch unterschiedlich treffen, so dass etwas objektiv Neutrales doch subjektiv als Diskriminierung wahrgenommen wird. Zwar sind die Religionen laut Voll oft in sich nicht homogen, sondern intern von verschiedenen Strömungen ihrer eigenen geistlichen und säkularen Eliten geprägt. Letztbegründungen und Identitätsbildungen können den Konflikten eine zusätzliche Schärfe geben.

Frank Mathwig beschreibt in seinem Beitrag die Problemlage, dass die Mitglieder einer Gesellschaft gleichzeitig mit zwei normativen Perspektiven konfrontiert sind: nämlich dem staatlichen Recht, das in politischen Prozessen aus demokratischen Mehrheitsentscheiden hervorgegangen ist und den eigenen bzw. gemeinschaftlichen Moralvorstellungen. Insofern Entscheidungen sowohl vor dem eigenen Gewissen als auch vor den gesellschaftlich geteilten Moralvorstellungen begründet werden, entsteht eine unvermeidbare Spannung, die gerade in den gesellschaftspolitischen Kontroversen etwa um die rechtliche Regelung von Schwangerschaftsabbruch oder Stammzellenforschung deutlich geworden ist. Da zwischen der weltanschaulichen und religiösen Neutralität und der ethischen Gebundenheit des Staates aufgrund seiner vorrangigen Verpflichtung auf den Schutz von Würde und Freiheit einer jeden Person differenziert werden muss, drängt sich die Frage nach der Rolle des Staates in bioethischen und biopolitischen Kontroversen in den Vordergrund. Nach Mathwig besteht die Aufgabe des Staates darin, jene fundamentalen ethischen Prinzipien auszuweisen, denen auch biotechnologische Forschung und Praxis genügen müssen, nämlich die Orientierung an Menschenrechten, an Menschenwürde und Persönlichkeitsschutz. Für den Erhalt dieser tragenden Grundlagen einer freiheitlichen Gesellschaft haben sich auch die christlichen Kirchen einzusetzen – nicht zuletzt weil damit die Gewissensfreiheit existenzieller persönlicher Entscheidungen wirksam geschützt wird.

Religiöse Symbole als Teil der Öffentlichkeit ergeben gesellschaftliche Konflikte. *Adrian Loretan* zeigt die staatsrechtlichen Implikationen auf. Er analysiert den Genfer Kopftuch-Entscheid, das Lehrverbot für Ordensangehörige an staatlichen Schulen und das Verbot von Minaretten. Vieles hängt davon ab, was als grundrechtsgeschützter Kernbereich und was lediglich als religiös aufgeladene äussere Manifestation gesehen wird. Nicht alles lässt sich prinzipiell entscheiden, sondern nur durch anwendungsorientierte Güterabwägung im Rahmen der ganzen Verfassungsordnung. Dies zeigt sich etwa dann, wenn zwischen einem von der – grundrechtlich geschützten, selbst aber nicht grundrechtskonformen – Religion festgelegten Zulassungsverbot für Frauen zu gewissen Ämtern und der grundrechtlich ebenso geschützten Gleichstellung zu unterscheiden ist. Auch zwischen Selbstbestimmungsrecht und Grundrechtsschutz besteht nach Meinung des Autors eine Antinomie, weshalb das Völkerrecht wohl auch zur Frage der Ungültigerklärung der Minarettinitiative beide Argumentationslinien ermöglicht. Letztlich ist eine rein rechtliche Optik schmal; es geht um die gerechte Gestaltung einer pluralistisch gewordenen Gesellschaft, aber entlang verfassungsrechtlicher Prinzipien.

Nach einer Auflistung, was in der Asylpolitik strittig und unstrittig ist, und der Feststellung, dass die Auseinandersetzung in diesem Bereich unvermeidlich ist, fasst *Werner Kramer* die religiösen Grundlagen zusammen. Die gegenwärtige Asylpolitik wird daraufhin kritisch geprüft, inwieweit sie die Würde des Menschen verletzt und auf der Grundlage der christlichen Werte und der entsprechenden ethischen Ausrichtung nicht mehr vertretbar ist. Mit Hinweis auf die per 1. Januar 2008 in Kraft getretenen Verschärfungen des Asylgesetzes stellt der Autor fest, dass die angestrebten Ziele verfehlt wurden: Weder reisen die amtlich zu Illegalen gemachten Menschen aus, noch konnte die Zahl der Asylgesuche verringert werden. Für Finanzströme und für hochqualifizierte Arbeitskräfte gibt es aufgrund der Globalisierung keine Grenzen mehr. Umso höher werden die Grenzzäune für Menschen, die Not leiden und des Schutzes bedürfen. Mit einer *Minute de la verité*, in der angezeigt wird, in welche Richtung es gehen soll, und acht Thesen für eine menschenwürdige Asylpolitik, die einer christlich-theologischen Reflexion besser Stand hält, schliesst der Beitrag.

Josef Bruhin SJ geht in seinem Aufsatz «Streitpunkt Sozialpolitik» von der Sozialbilanz der beiden grossen Kirchen im Kanton Zürich aus und stellt fest, dass der Streitpunkt nicht in der kirchlichen Sozialarbeit im Sinne der Diakonie liegt. Gemäss der Predigt Jesu ist das Reich Gottes nicht etwas Jenseitiges und Zukünftiges, sondern im Christentum liegt ein unerschöpfliches dynamisches Potential. Umstritten sind hingegen die sozialethischen Stellungnahmen der Kirchenleitungen. Exemplarisch dafür sind die ökumenischen Konsultationsprozesse in den deutschsprachigen Ländern. Allerdings benennt gerade die Katholische Soziallehre nicht immer Ross und Reiter: Wer vertritt die erhobenen Forderungen in Politik und Wirtschaft? Wenn der Primat der Ökonomie vom Primat der Politik und des Gemeinwohls abgelöst werden soll, geht das nicht von alleine. Die Erfahrungen des Autors in drei Gremien zeigen die Chancen, vor allem aber auch die Schwierigkeiten, christliche Soziallehre in die Gesellschaft, die Politik und die Wirtschaft zu tragen. Wer wirkt als Transmissionsriemen für diese Arbeit, und wie kann die Bekämpfung der Armut wirklich erfolgreich sein? Mit diesen Fragen – und nicht mit fertigen Antworten – schliesst der Beitrag.

Die Herausgeberin und die Herausgeber danken allen, die zur Entstehung dieses Sammelbandes beigetragen haben. Ganz besonderer Dank gebührt der Leiterin des Theologischen Verlags Zürich, Frau Marianne Stauffacher, für die rasche Aufnahme des Manuskripts in das Verlagsprogramm der Edition NZN bei TVZ und dem Lektor, Herrn Markus Zimmer, für die ausgezeichnete Zusammenarbeit. Ein grosser Dank geht auch an lic. phil. und lic. theol. Ueli Felder für die kritische Durchsicht des Manuskripts. Herausgeber und Verlag danken der römisch-katholischen Körperschaft des Kantons Zürich für die finanzielle Unterstützung bei der Drucklegung dieses Buches.

Das Konzept der offenen, liberalen Gesellschaft, das es auch in Sachen Religion zu verteidigen gilt, spiegelt sich im Konzept des Sammelbandes wider, insofern dieser keine letzten Antworten bereithält, sondern vor allem zum (Streit-) Gespräch herausfordern will.

Fribourg/Lenzburg/Baar, im Juli 2009   Béatrice Acklin Zimmermann
                                                                        Ulrich Siegrist
                                                                        Hanspeter Uster

Die Bedeutung der Religion in der politischen Kultur der Schweiz

Ein historischer Überblick

Thomas Maissen

Die Bedeutung der Religion in der politischen Kultur der Schweiz in einem historischen Überblick zu erfassen ist bereits ein weitreichendes Thema. Umso wichtiger ist es, diese Problematik von einer noch umfassenderen Fragestellung abzugrenzen, derjenigen nach der gesellschaftlichen Relevanz von Religion, Glauben und Kirchen in der Schweiz. In dieser Hinsicht wird hier vereinfachend davon ausgegangen, dass die Entwicklung sich nicht grundsätzlich von derjenigen in anderen europäischen Ländern unterschied. Das betrifft sowohl die starke Prägung des individuellen und kollektiven Alltags durch religiöse Praktiken (bis weit ins 20. Jahrhundert hinein) als auch die sogenannte Säkularisierung als Prozess, in dem sich das Verhältnis von Institutionen und Personen zu den offiziellen Kirchen und ihren Heilsbotschaften seit dem 17. Jahrhundert allmählich lockerte und der in den letzten Jahrzehnten zu vielen Austritten aus den Landeskirchen und einer Pluralisierung der Glaubenslandschaft geführt hat.[1] Beim folgenden Blick weit zurück in die Vergangenheit wird also nicht behauptet, dass die Eidgenossen grundsätzlich mehr oder weniger fromm oder kirchentreu – das sind unterschiedliche Kategorien – waren als andere Völker. Hingegen soll die These vertreten werden, dass seit den Anfängen der Eidgenossenschaft die Beziehung zu Gott, Glauben und Kirche in historiographischer wie politischer Hinsicht eine besondere Rolle spielte, die mit ihrer politischen Struktur und deren Wandel zu tun hatte.

Die Eidgenossenschaft bildete sich im 14. Jahrhundert aus als Landfriedensbündnis.[2] Deren gab es viele im Mittelalter: Machthaber schlossen sich zusammen und sicherten sich in dem Raum, den sie beherrschten, gegenseitige Hilfe zu, wenn es darum ging, gegen Rechtsbrecher oder äussere Feinde vorzugehen. Es handelte sich um eine Zeit, in der eine starke Zentralgewalt fehlte. Natürlich gab

---

1 Vgl. Martin BAUMANN/Jörg STOLZ (Hg.), *Eine Schweiz – viele Religionen*. Risiken und Chancen des Zusammenlebens, Bielefeld 2007.

2 Vgl. hierzu jetzt Roger SABLONIER, *Gründungszeit ohne Eidgenossen*. Politik und Gesellschaft in der Innerschweiz um 1300, Baden 2008.

es Könige und andere Fürsten, doch diese verfügten über keine Polizei, sie waren in den fernen Regionen ihres Reichs nur selten und nie dauerhaft gegenwärtig und konnten dies auch durch ihre Amtsträger, etwa die Vögte, kaum sein, weil sie zu arm waren, um auch nur annähernd so etwas wie eine feste Beamtenschaft zu unterhalten. Besonders grossen Rückhalt fanden solche Landfriedensbündnisse bei der Kirche, die seit dem 11. Jahrhundert. die eigentliche Vorkämpferin dieser Bewegung war und sie mit dem Namen «treuga Dei», Gottesfrieden, adelte. Dieses politische Anliegen vieler Kleriker entsprach einerseits dem Gebot, die christliche Nächstenliebe zu fördern. Andererseits waren vor allem Klöster und Bischofskirchen vergleichsweise reich und zugleich schutzlos, da sie in der Regel keine Lehen vergaben und damit keine eigenen Vasallen mobilisieren konnten, wenn Gefahr drohte. Auch waren die jeweils auf ihre Pfründen gewählten Prälaten eher peripher in die dynastischen Familienverbände des Adels eingebunden, die ihren Angehörigen Schutz verhiessen.

Es ist insofern sehr bezeichnend, dass einer der allerersten Texte, den man als gesamteidgenössische Verfassungsquelle bezeichnen kann, unter anderem den Schutz der Geistlichen befahl. Im Sempacherbrief von 1393 gelobten die Eidgenossen, «das keiner der unsern kein kloster, kilchen oder Cappelle beslossen ufbreche oder offenn dar in gange ze brennende, wüstende oder ze nämende, dz dar Inne ist dz zuo der kilchen gehöret»[3]. Dass der Sempacherbrief die kirchlichen Institutionen eigens hervorhob, zeigt, dass die geforderte Mässigung weder bei den Schweizern noch bei anderen zeitgenössischen Kriegern eine Selbstverständlichkeit war.

Die Eidgenossen hatten allerdings auch grössere Legitimationsprobleme als andere Landfriedensbündnisse, die ähnliche Ziele verfolgten. Der 1488 gegründete Schwäbische Bund etwa vereinte nicht nur Städte untereinander, sondern mit diesen auch Adlige und Fürsten, ja sogar den Kaiser. Die spätmittelalterliche Eidgenossenschaft bestand dagegen aus Städten und Landgemeinden, also aus Bürgern und Bauern – und nicht aus Adligen, die als Ritter («bellatores», in der mittelalterlichen Ordnung der drei Stände) eigentlich die einzigen Träger legitimer politischer Gewalt waren. Ein adliger Gegenspieler wie Kaiser Maximilian I. sah deshalb die christliche Lehre und Ordnung verletzt, wenn sich diese «bösen, groben und schnöden gepurslüt» – wie er sie 1499, im Schwabenkrieg, bezeichnete – der gottgegebenen Herrschaft widersetzten, die dem Adel vorbehalten war.[4]

---

3   *Eidgenössische Abschiede*, Bd. 1, Luzern 1847, 329.
4   Vgl. Maximilians Manifest gegen die Eidgenossen nach Claudius SIEBER-LEHMANN/Thomas WILHELMI, in: DERS., *Helvetios – Wider die Kuhschweizer*. Fremd- und Feindbilder von den Schweizern in antieidgenössischen Texten aus der Zeit von 1386 bis 1532 (Schweizer Texte, Bd. 13), Bern/Stuttgart/Wien 1998, 90.

Die «Antwort der Bauern» erfolgte in derselben, mittelalterlichen Logik: Sie sprachen von Notwehr gegen den Hochadel und vor allem gegen die Habsburger, die angeblich ihre ritterliche und christliche Pflicht vernachlässigt hatten, welche gerade in der Garantie des Landfriedens bestanden hätte. Stattdessen – so die Eidgenossen – habe Österreich selbstsüchtig seine Hausmachtpolitik verfolgt und sich dabei in tyrannischer Herrschsucht gegen die Ordnung von Kaiser und Reich vergangen. Diese Ordnung war gottgewollt, heilsgeschichtlich ewig und weltweit gültig, mit zwei Universalmächten an der Spitze: Papst und Kaiser. In ihr und aus ihr ergaben sich die Schweizer Autonomie und ihre Herrschaftsrechte – als Privilegien der spätmittelalterlichen Kaiser und Könige von Friedrich II. über Ludwig den Bayern zu Sigismund. Diese beglückten die Städte und Talschaften im Mittelland und Alpenraum mit der Reichsfreiheit und hierdurch mit einer legitimen Ordnungsfunktion. Die Schweizer verstanden sich demnach als Wahrer der Reichs- und damit der Heilsordnung. Dass der Allmächtige diese Einschätzung teilte, bewiesen die erfolgreichen Schlachten von Morgarten, Sempach und in den Burgunderkriegen. Die Eidgenossen deuteten sie als Gottesurteil: Sie befanden sich «in des allmechtigen gottes schirm», da sie sich als gottesfürchtiges Volk erwiesen hatten – und solange sie dies auch in Zukunft tun würden.[5]

Ausdruck fand dieser Glaube an einen besonderen göttlichen Schutz in einer eigentümlichen und vom Adel heftig angefeindeten Form des Betens, nämlich mit «zertanen» (ausgebreiteten) Armen.[6] Religiös bestimmt war auch das regelmässige gemeinsame Schlachtgedenken, die kirchliche Erinnerung an die in Schlachten gefallenen Angehörigen und Vorfahren. Im Mittelpunkt stand eine Totenmesse am Ort der Schlacht, beispielsweise in einem Gebeinhaus oder in der Schlachtkapelle, die etwa in Sempach schon ein Jahr nach dem Sieg, 1387, errichtet wurde, ebenso 1477 in Murten. Manchmal gab es auch eine Prozession, so die bis heute durchgeführte Näfelser Fahrt; dazu kam die Vergabe von Almosen und ein gemeinsames Mahl. Der Schlachtbericht, der dabei verlesen werden konnte, entsprach in Inhalt, Form und der jeweiligen Rekapitulation der weihnächtlichen Heilsgeschichte.[7] Dank der gemeinsamen Feier solch religiöser Riten – Beten mit

5   Vgl. Guy P. MARCHAL, *Die Antwort der Bauern*. Elemente und Schichtungen des eidgenössischen Geschichtsbewusstseins am Ausgang des Mittelalters, in: Hans PATZE (Hg.), *Geschichtsschreibung und Geschichtsbewusstsein im späten Mittelalter*, Bd. 31, Sigmaringen 1987, 757–790; jetzt auch in Guy P. MARCHAL, *Schweizer Gebrauchsgeschichte*. Geschichtsbilder, Mythenbildung und nationale Identität, Basel 2006, 351–390.

6   Vgl. Peter OCHSENBEIN, *Beten «mit zertanen armen»*. Ein alteidgenössischer Brauch, in: Schweizerisches Archiv für Volkskunde 75 (1979) 129–172; Peter OCHSENBEIN, *Das grosse Gebet der Eidgenossen*. Überlieferung, Text, Form und Gehalt, Bern 1989.

7   Vgl. Georg KREIS, Art. *Schlachtjahrzeiten*, erscheint in: *Historisches Lexikon der Schweiz*.

«zertanen» Armen wie Schlachtgedenken – erlebten sich die Eidgenossen über die Kantonsgrenzen hinweg als Einheit von «frumen edlen puren»: als Gottes «volks usserkorn».[8]

Auch Ulrich Zwinglis Reformappell argumentierte auf diesen bewährten zwei Linien:

1. einerseits historisch, als *Treue und ernstliche Vermahnung an die Eidgenossen* (1524), zu den reinen Sitten der Vorväter zurückzukehren, die den übermütigen Adel besiegt hatten;[9]

2. andererseits blieben die Eidgenossen für die Zürcher Reformatoren das auserwählte Volk des einen Gottes, der nicht zwei Bekenntnisse unter ihnen dulden würde.[10] In der vormodernen Logik setzte jede politische Gemeinschaft einen gemeinsamen Glauben voraus, da nur dieser einheitliche Wertvorstellungen und damit politische Solidarität und Loyalität garantieren konnte. In diesem Sinn sprach ein frühneuzeitlicher Jurist später von «*religio vinculum societatis*» – der Religion als der Fessel oder vielmehr dem Verbindenden der Gesellschaft.[11] Das bedeutete *weltlich*, dass eine Gesellschaft in einem dauernden Bürgerkrieg zerfallen müsse, falls ihre Glieder nicht an ein und denselben Gott glauben und damit ein allgemein verbindliches Normensystem anerkennen würden. *Religiös* betrachtet meinte «*religio vinculum societatis*», dass der einzig wahre Gott sowohl die Gesellschaft als Ganzes als auch die einzelnen Individuen dafür bestrafen müsse, wenn sie ihm keine Ehrfurcht bewiesen. Und war es nicht ein Zeichen von Respektlosigkeit, von Gleichgültigkeit gegenüber Gott, wenn man Andersgläubige, besser: Falschgläubige in der eigenen Nähe duldete? Der frühneuzeitliche Christ glaubte sich insofern gezwungen, aus Sorge um das eigene Heil, aber auch um dasjenige seiner Mitmenschen, den Andersgläubigen zu bekehren – oder aber ihn zu vertreiben oder umzubringen.

---

8 Vgl. die Belege bei MARCHAL, *Schweizer Gebrauchsgeschichte*, a. a. O. (Anm. 6), 364.

9 Vgl. Ulrich ZWINGLI, *Eine treue und ernstliche Vermahnung an die Eidgenossen*, hg. v. Egli, Emil/ Finsler, Georg, in: Emil EGLI/Georg FINSLER, *Sämtliche Werke*, Bd. 3 (Corpus Reformatorum, Bd. 90), Leipzig 1914, 97–113.

10 Vgl. Eduard KOBELT, *Die Bedeutung der Eidgenossenschaft für Huldrych Zwingli* (Mitteilungen der Antiquarischen Gesellschaft in Zürich, Bd. 45/2), Zürich 1970.

11 Vgl. Heinz SCHILLING, *Das konfessionelle Europa*. Die Konfessionalisierung der europäischen Länder seit Mitte des 16. Jahrhunderts und ihre Folgen für Kirche, Staat, Gesellschaft und Kultur, in: Joachim BAHLCKE/Arno STROHMEYER (Hg.), *Konfessionalisierung in Ostmitteleuropa*. Wirkungen des religiösen Wandels im 16. und 17. Jahrhundert in Staat, Gesellschaft und Kultur (Forschungen zur Geschichte und Kultur des östlichen Mitteleuropa, Bd. 7), Stuttgart 1999, 13–62, hier 16.

Bikonfessionalität war also nicht denkbar in einem Bündnis, das unter Gottes Schutz stehen wollte. «Wir wüssind in zweyen Glauben nitt husszehallten», so verkündete der Glarner Historiker und katholische Politiker Aegidius Tschudi 1564 seine Überzeugung[12]. Die Bibel war voll mit Beispielen, was passiert, wenn ein Volk gespalten ist in diejenigen, die den wahren Gott anbeten, und diejenigen, die das goldene Kalb vergötzen. Die Frage war nur, wo in den 1520er Jahren das goldene Kalb war: bei denen, die sich angeblich von der heiligen Schrift als einziger Quelle zum Heil entfernt hatten, oder bei denen, die vom Glauben der Väter abfielen und damit nicht nur ihr eigenes Seelenheil gefährdeten, sondern auch dasjenige ihrer Vorfahren. Denn darum kümmerten sich ja die Katholiken etwa mit den Seelenmessen, welche die Reformatoren abschafften.

Äusserst symptomatisch für den politisch-religiösen Zwiespalt war die Tatsache, dass die Zürcher die alten Bundeseide nicht mehr so beschwören wollten, wie das im 15. Jahrhundert regelmässig geschehen war – unter Anrufung der Heiligen. Die Reformatoren hoben ihren Kult auf, da er in der Bibel nicht belegt war (*sola scriptura*). Mit der Zürcher Weigerung, den eidgenössischen Brauch weiter so zu pflegen, wie die Katholiken es forderten, fiel die sowohl metaphysische als auch rechtliche Basis für das weg, was ja eben eine *Eid*-Genossenschaft war, jetzt aber nicht mehr genossenschaftlich einen Eid leisten mochte. In diesem Patt über das richtige Verständnis von religiösen und politischen Gemeinsamkeiten war Zwinglis Offensive gegen die altgläubigen Kantone geradezu zwingend: Auch hierbei handelte es sich um die Suche nach einem Gottesurteil.

Die Reformierten unterlagen zwar 1531 bei Kappel in ihrem Versuch, die religiöse Einheit der Eidgenossenschaft auf militärischem Weg wiederherzustellen. Doch trotz ihrem Sieg waren die Innerschweizer nicht stark genug, um ihrerseits die mächtigen reformierten Stadtkantone zu unterwerfen. Der anschliessende Kappeler Landfriede respektierte deshalb notgedrungen deren religiöse Autonomie. Im folgenden Jahrhundert standen die Konfessionsparteien immer wieder am Rande des Bürgerkriegs, der für die Eidgenossenschaft eine existentielle Bedrohung dargestellt hätte, wenn die konfessionellen Bündnisse mit äusseren Mächten angerufen worden wären – diejenigen von katholischen Kantonen mit Spanien oder Savoyen oder der reformierten Zürich und Bern mit der Markgrafschaft Baden, den Niederlanden oder England. Nur im wichtigsten Bündnis, demjenigen mit Frankreich, sahen sich reformierte und katholische Pensionenherren und Reisläufer vereint. Entsprechend wirkte Frankreich – selbst zwar auch katholisch, aber in Dauerfeindschaft zur katholischen Vormacht Habsburg – bei

---

12 Vgl. www.nzz.ch/2005/02/05/fe/articleCKBDA.html (23.07.2009).

schweizerischen Binnenkonflikten mässigend, weil es sein Söldnerreservoir nicht verlieren wollte.

Weniger utilitaristisch versuchte die Nachfolgergeneration Zwinglis seine Tradition fortzusetzen, indem sie die Landesgeschichte und -natur als Geschenk Gottes an die eidgenössische Gemeinschaft deutete.[13] Heinrich Bullingers Deutung der Alpen als gesegneter Schutzwall der Freiheiten und Quelle der Tugend erfolgte noch vor der Katastrophe von Kappel.[14] Aber auch der Zürcher Historiker Johannes Stumpf ermahnte in seiner epochalen Chronik von 1547 «alle landleüt unnd Alpische voelcker [...], den wilden und gebirgigen erdboden ires vatterlands nit zeverachten, sonder darin Gottes milte hand [zu ...] erkennen»[15]. Der reformierte Stumpf schloss nicht nur die Katholiken stillschweigend in Gottes Schutz ein, sondern auch die antiken, also heidnischen Alpenbewohner als Begründer von historischer Kontinuität in moralischer Qualität. Weil «soeliche Alpvoelcker von so gar langen zeyten haer biss auff heüttigen tag nit allein iren alten erdboden noch bewonend, sonder auch ir alte mannheit, auch irer vorderen dapfferkeit noch nie hingelegt habend, darzuo inen der gnaedig Gott biss auff dise zeyt gross gnad, hilff, schutz, schirm und wolthaat beweyst»[16].

Doch dieser humanistische Rekurs auf Gottes Sorge für sein Volk erwies sich als wenig strapazierfähig. Jedenfalls entpuppte es sich als Illusion, wenn der erwähnte Aegidius Tschudi hoffte, man könne die (unvermeidlichen) «Zenck der religion» den Theologen überlassen, wogegen man auf Bundesebene pragmatisch für das Wohl der Eidgenossenschaft zusammenwirke und sich dafür sogar eine gemeinsame Geschichtsschreibung instrumentalisieren lasse, «dann jeder Historicus sol unpartisch sin»[17]. Diejenigen Protestanten, mit denen er in diesem Sinn zusammenwirken wollte – neben Stumpf so prominente Reformatoren wie Bullinger und Vadian – konnten sich Spitzen etwa gegen das Mönchtum nicht verkneifen. Und selbst wenn es um klare gesamteidgenössische Interessen ging, konnten sich die Antagonisten nicht zu einer gemeinsamen Aussenpolitik zusammenraufen – so, als Tschudi im Schmalkaldischen Krieg 1547 forderte,

---

13 Hierzu ausführlicher Thomas MAISSEN, *Die Bedeutung der Alpen für die Schweizergeschichte von Albrecht von Bonstetten bis Johann Jacob Scheuchzer*, in: Simona BOSCANI LEONI (Hg.), *Wissenschaft – Berge – Ideologien*. Johann Jakob Scheuchzer (1672–1733) und die frühneuzeitliche Naturfoschung, Basel 2009.

14 Vgl. Heinrich BULLINGER, *Anklage und Mahnrede (1528)*, in: DERS., *Schriften*, Bd. 6, Zürich 2006, 33–79, hier 71f.

15 Johannes STUMPF, *Gemeiner loblicher Eydgnoschafft Stetten, Landen und Voelckeren Chronick wirdiger thaaten beschrebung*, Zürich 1547, Buch II, 293.

16 Ebd., Buch I, ii'; vgl. 261'.

17 Aegidius Tschudi an Johannes Fries in Zürich, 11. Dezember 1547, in: Jakob VOGEL, *Egidius Tschudi als Staatsmann und Geschichtsschreiber*. Zürich 1856, 202–204.

das linksrheinische, zwinglianische Konstanz gegen die kaiserlich-habsburgische Eroberung zu schützen, damit aber bei seinen eigenen Glaubensbrüdern nicht durchdrang.[18]

In der Praxis wie in der Theorie konnten die Eidgenossen also nach der konfessionellen Spaltung nicht mehr beanspruchen, wie noch im Spätmittelalter ein «Volk Gottes» zu sein. Entsprechend konnte die Staatsbildung in der Schweiz bis 1798 nur in den einzelnen Kantonen erfolgen, nicht auf gesamteidgenössischer Ebene. Denn für diesen Prozess war das obrigkeitliche Kirchenregiment unabdingbar, also die Kontrolle über eine einheitliche Kirche, die nicht nur eine verbindende und verbindliche «Ideologie» lieferte, sondern dank der Geistlichkeit als einzige Institution im ganzen kantonalen Herrschaftsgebiet präsent war. Wie erwähnt existierte weder eine Verwaltung im modernen Sinn noch eine Polizei als dauernde, feste Einrichtung. Konkret waren die Dorfpfarrer damit nicht nur für das Seelenheil zuständig, sondern auch Wächter über die sittliche Ordnung. Sie verkündeten die obrigkeitlichen Anweisungen den Analphabeten von der Kanzel und überwachten im Sittengericht, ob diese eingehalten wurden. Für die kantonalen Regierungen war es deshalb auch von grösster Bedeutung, dass sie die Geistlichen ausbildeten und in ihre Pfründen einsetzten, oder, in den katholischen Orten, bei diesen Fragen bei den kirchlichen Institutionen ein entscheidendes Wort mitsprachen.

Konfessionelle Einheitlichkeit ohne Lücken charakterisierte also die einzelnen Kantone, wenn man von wenigen Täufern und «Nikodemiten» – Kryptozwinglianern – absieht, die ebenso verfolgt wurden wie häretische Einzelgänger – so der Antitrinitarier Miguel Servet, der 1553 hingerichtet wurde, nachdem ihm sowohl der Bischof von Lyon als auch Calvin nachgestellt hatten. In Appenzell führten die konfessionellen Spannungen 1597 zur Kantonsteilung, nachdem Innerrhoden dem Bündnis der katholischen Kantone mit Spanien beigetreten war. Nur einer der 13 Orte fand zu bikonfessionellen Lösungen: Glarus. Voraussetzung dafür war allerdings, dass beide Konfessionsgruppen eigene Landsgemeinden und Ämter erhielten bis hin zu der zahlenmässig genau festgelegten Vertretung in Gerichten. Die katholische Minderheit erlangte also eine sehr weitgehende Autonomie und stellte gleichsam einen Staat im Staat dar.[19] Ähnlich erfolgte die konfessionelle Durchmischung Graubündens, wo die souveränen Gerichtsgemeinden sich ihren Glauben jeweils selbst aussuchten. Das lag daran, dass auch in anderen hoheitlichen Belangen die Entscheidungen auf der Ebene

---

18   Vgl. Bernhard STETTLER, *Aegidius Tschudi – Chronicon Helveticum*, Bd. 2, hg. v. DEMS. (Quellen zur Schweizer Geschichte N. F. I, Bd. 7/2) Basel 1974, 69*.

19   Vgl. die Grafik im Art. *Glarus*. Historisches Lexikon der Schweiz, Bd. 5, Basel 2006, 456.

von Dorf- und Talgemeinden gefällt wurden – und nicht von einem der drei Bünde oder gar vom rhätischen Gesamtbund insgesamt. Das Verhältnis von Laax zum Oberen Bund und zum Freistaat Gemeiner Drei Bünde war damals etwa so wie heute dasjenige Dänemarks zur EU und zur UNO.

Konfessionelle Einheitlichkeit war also unumgänglich auf der Ebene, wo letztlich die politischen Entscheidungen gefällt wurden. Umgekehrt war religiöse Vereinheitlichung entsprechend dort schwierig, wo sich reformierte und katholische Kantone die Regierung teilen mussten: in den Gemeinen Herrschaften, die im 15. Jahrhundert unterworfen worden waren. Gemischtkonfessionelle Gemeinden erzwangen dort pragmatische Lösungen sowohl der eidgenössischen Landvögte als auch der lokalen Bevölkerung: Das betraf etwa Mischehen, Konversionen oder das Kirchengut, das die konkurrierenden Konfessionsgruppen manchmal gemeinsam nutzten (Simultankirchen).[20] Auch im eidgenössischen Binnenkontakt ersann man Mittel, um die Eskalation zu verhindern, wenn wieder einmal konfessionelle Interessen und Ansprüche in einem der zahlreichen Spannungsfelder – vor allem in den Gemeinen Herrschaften – aufeinanderstiessen. Seit dem 2. Kappeler Landfrieden (1531) domestizierten die kantonalen Obrigkeiten mit Schmähverboten ihre Geistlichen, die im Ringen um den wahren Glauben nicht gewohnt waren, Rücksichten zu nehmen; wer die Überzeugungen der Andersgläubigen in den Dreck zog, konnte hart bestraft werden.

Auch an der Tagsatzung bemühten sich die kantonalen Gesandten, Bereiche zu definieren, in denen Lösungen jenseits von konfessioneller Polemik gesucht werden konnten.[21] Daneben bestand die Tagsatzungsaktivität zu einem grossen Teil in der schiedsrichterlichen Vermittlung in den gemischtkonfessionellen Gebieten. Im Konfliktfall suchte man zumeist den Status quo zu erhalten, und entsprechend konservativ war die eidgenössische Konfessionspolitik: Veränderungen der Kantons- oder Glaubensgrenzen blieben letztlich tabu. Selbst die freiwilligen Annäherungen von Zugewandten Orten scheiterte rasch an der Furcht, eine Erweiterung des Bundes könnte das labile Gleichgewicht verändern. Diese Unlust zu Experimenten betraf nicht nur die weiter weg liegenden Städte, das protestantische Mülhausen und das katholische Rottweil, das im 17. Jahrhundert de facto aus dem Bündnis gedrängt wurde; sondern auch die calvinistische Hochburg Genf und ähnlich Neuchâtel hatten unter diesen Umständen keine Aussicht auf ein «*cantonnement*», eine Angliederung als vollwertiger Schweizer

---

20 Frauke VOLKLAND, *Konfession und Selbstverständnis. Reformierte Rituale in der gemischtkonfessionellen Kleinstadt Bischofszell im 17. Jahrhundert*, Göttingen 2005.

21 Andreas WÜRGLER, Art. *Tagsatzung*, erscheint in: *Historisches Lexikon der Schweiz;* vgl. DERS., *Die Tagsatzung der Eidgenossen. Politik, Kommunikation und Symbolik einer repräsentativen Institution im europäischen Kontext 1470–1798*, Habil.schrift masch. Bern 2004.

Kanton. In einem Zeitalter, da ruhmsüchtige Monarchen die Grenzen ihrer Reiche rücksichtslos ausdehnten, war die ängstliche Mässigung der Schweizer eine grosse Ausnahme; und blieb dies bis ins frühe 20. Jahrhundert, als der Versuch der Vorarlberger, Schweizer zu werden, unter anderem an der Sorge um die konfessionelle Ausgewogenheit scheiterte.

In der Frühen Neuzeit wurde der religionspolitische Status quo zwischen den Orten zementiert, nachdem die Glaubenskonflikte noch zweimal zu allerdings kurzen und vergleichsweise unblutigen Bürgerkriegen eskalierten: Die beiden Villmergerkriege 1656 und 1712 brachen bezeichnenderweise im Anschluss an langjährige europäische Kriege aus, als die Grossmächte kein Interesse hatten, den eben – 1648 in Westfalen beziehungsweise 1712/13 in Utrecht – ausgehandelten Frieden wegen einer peripheren Region aufs Spiel zu setzen, so dass sie die eidgenössischen Streithähne sich selbst überliessen. Der Sieg von Bern und Zürich im Zweiten Villmergerkrieg mündete schliesslich 1712 im Frieden von Aarau in die Institution der Parität: In gesamteidgenössischen Religionsangelegenheiten, konkret also bei der Verwaltung der Gemeinen Herrschaften, entschied fortan nicht die (katholische) Mehrheit der Kantone, sondern die Stimmen der beiden Konfessionsparteien wogen gleich viel – eine weitere Lösung, die den Status quo begünstigte, weil (Mehrheits-) Lösungen und damit Veränderungen in Konfessionsstreitigkeiten nicht mehr möglich waren. Die beiden Blöcke wurden auch dadurch verfestigt, dass sich die – anders als in Deutschland nicht (reichs-) rechtlich, aber aus Gewohnheit konstituierten – Zusammenschlüsse als *corpus evangelicum* und *corpus catholicum* regelmässig konfessionell getrennt zu Sondertagsatzungen trafen. Die religiös unerträgliche Bikonfessionalität war damit politisch fest institutionalisiert – in den Überzeugungen unerschütterlich, aber in ihrer Sprengkraft entschärft.

Das frühe 18. Jahrhundert war zugleich der Zeitpunkt, zu dem ein neues historisches Interesse an der gesamtschweizerischen Vergangenheit geweckt wurde. Reformierte wie der Zürcher Johann Jacob Scheuchzer und der Berner Albrecht von Haller entwickelten den Alpenmythos, der die Demokratie von tugendhaften Alpbauern und Hirten verklärte. Da sich diese aber vor allem in der katholischen Innerschweiz fanden, war der Alpenmythos ein idealer, integrierender Grundstein für ein überkonfessionelles und im «Helvetismus» auch die Sprachgrenzen überschreitendes Reformprogramm.[22] Auf dieser Grundlage wurde 1762 die Hel-

---

22 Fritz ERNST, *Der Helvetismus. Einheit in der Vielheit*, Zürich 1954; Thomas MAISSEN, *Als die armen Bergbauern vorbildlich wurden*. Ausländische und schweizerische Voraussetzungen des internationalen Tugenddiskurses um 1700, erscheint in: André HOLENSTEIN/Béla KAPOSSY/ Simone ZURBUCHEN (Hg.), *Armut und Reichtum in den Schweizer Republiken*, Lausanne 2009 (mit weiterer Literatur).

vetische Gesellschaft gegründet.[23] Aufklärer aus den evangelischen Orten kamen mit Gleichgesinnten vor allem aus Luzern zusammen, wo die staatskirchliche Partei wiederholt heftige Konflikte gegen die Klerikalen austrug. Das Ziel der Helvetischen Gesellschaft war ein gewiss christliches, aber entkonfessionalisiertes Schweizertum, das am Wesen der alten, tugendhaften Eidgenossen genesen sollte. Ein Fünftel der Mitglieder der Helvetischen Gesellschaft waren Geistliche beider Konfession; und während die ersten Treffen im reformierten Schinznach stattfanden, war in den 1770er und 1780er Jahren der Begegnungsort das katholische Olten. Es handelte sich also um die erste überkonfessionelle gesellschaftliche Institution der Schweiz.

Wie städtisch-elitär dieser überkonfessionelle Ansatz letztlich blieb, zeigte sich nach 1798, als unter anderem etliche Mitglieder der Helvetischen Gesellschaft ihre aufklärerischen Ideale in der Helvetischen Republik umzusetzen versuchten. Sie wurde mit Hilfe der französischen Revolutionstruppen installiert und verkündete auch erstmals in der Schweiz die Freiheit von Gewissen und Kultus, «insofern sie die öffentliche Ruhe nicht stören und sich keine herrschende Gewalt oder Vorzüge anmaßen».[24] Für breite Volksschichten gerade in ländlichen Gebieten war dies aber kein Anliegen, sondern eine Provokation. Auch wenn es verschiedene Motive gab, den helvetischen Zentralstaat abzulehnen, wurde nicht zuletzt die Glaubensfreiheit von vielen Frommen als Bedrohung der guten alten Ordnung erlebt. Die föderalistischen Gegner der Helvetik, namentlich in der Innerschweiz, riefen zum «gerechten Krieg» gegen die gottlosen Glaubensfeinde. Indem sie die Anhänger der Helvetik, auch die katholischen, als «Zürcher» verunglimpften, postulierten die Innerschweizer eine Kontinuität der zwinglianischen Ketzerbewegung.[25] Tatsächlich blieb aus der Sicht von konservativen und reaktionären Katholiken im kommenden halben Jahrhundert der Verfassungswirren der Liberalismus als protestantische Erfindung diskreditiert. Doch in Wahrheit handelte es sich dabei um eine Bewegung, die das Land nach neuen, politischen Kriterien spaltete, nicht mehr (allein) nach konfessionellen. Insbesondere das früh industrialisierte Solothurn und die Stadt Luzern sowie das Tessin waren Vorkämpfer des Liberalismus.

Das Beispiel Tessin macht auch deutlich, dass die territoriale Neuordnung des Landes 1803 durch Napoleon und 1815 durch den Wiener Kongress zu neuen

---

23 Ulrich Im Hof/François De Capitani, *Die Helvetische Gesellschaft*. Spätaufklärung und Vorrevolution in der Schweiz, 2 Bde., Frauenfeld/Stuttgart 1983.

24 Alfred Kölz, *Quellenbuch zur neueren schweizerischen Verfassungsgeschichte. Vom Ende der Alten Eidgenossenschaft bis 1848*, Bern 1992, 127.

25 Vgl. dazu demnächst Eric Godels Tübinger Dissertation über *Die Zentralschweiz in der Helvetik (1798–1803). Kriegserfahrungen und Religion im Spannungsfeld von Nation und Region*.

Kriterien für politische Loyalität geführt hatte. Einerseits gehörten nun neben dem Tessin neu etliche weitere welsche Kantone zum eidgenössischen Bund: Sie waren unterschiedlicher Konfession, doch erzeugte die gemeinsame Sprache im Zeitalter des Nationalstaats eine starke Integrationskraft. Andererseits war durch die Auflösung der Untertanengebiete und die Integration früherer Zugewandter Orte nun die Hälfte der Kantone bikonfessionell. Die unruhigen Jahre im Vorfeld des Sonderbundskrieges von 1847 bewiesen dann vollends, dass die politischen Frontlinien von Konservativen/Ultramontanen gegen Liberale/Freisinnige nicht mehr den konfessionellen Frontlinien des 16. Jahrhunderts entsprachen. Im «Straussenhandel» und Züri-Putsch von 1839 wehrten sich konservative Reformierte ebenso gegen die «Religionsgefahr» wie die katholischen Konservativen in Luzern 1840 mit dem Ruswiler Verein und der Jesuitenberufung von 1844. Beide Male erhob sich die fromme Landbevölkerung gegen die städtischen Liberalen, und erst recht zeigten sich die Landsgemeindekantone kampfbereit gegen die Neuerer. Auch wenn sich im Sonderbund nur rein katholische Kantone zusammenfanden, konnten sie auf Sympathien oder zumindest Verständnis bei manchen konservativen Protestanten zählen; Basel-Stadt und Neuenburg blieben im Sonderbundskrieg gar neutral und wurden von der Tagsatzung dafür gebüsst, dass sie die Bundesexekution nicht mittrugen.

Entsprechend klar wurde der Nationalstaat, wie ihn nach dem Sonderbundskrieg die Bundesverfassung von 1848 verwirklichte, in den besiegten Sonderbundskantonen als Diktat der Sieger abgelehnt. Gerade deshalb war es für die überkonfessionelle Legitimität des Bundesstaats so wichtig, dass er von liberalen Katholiken mitgetragen wurde. Zwei von ihnen sassen im ersten Bundesrat: der Solothurner Josef Munzinger und der Tessiner Stefano Franscini. Geistliche hingegen, gleich welchen Bekenntnisses, durften (bis 1999) nicht National- oder Bundesrat werden. Der neue Bund war gegen den konfessionellen Geist errichtet worden, der die alte Eidgenossenschaft geprägt und in ihrer staatlichen Entwicklung unüberwindbar gelähmt hatte. Auch sie war aber, obgleich arm an Kompetenzen, im Prinzip ein überkonfessionelles und insofern säkulares (Verteidigungs-) Bündnis gewesen. Die Bundesverfassung von 1848 entwickelte daraus nun einen Staat, der diesen Namen auch auf nationaler Ebene verdiente. Voraussetzung dafür war allerdings, dass er das Kirchenwesen in der Zuständigkeit der Kantone beliess, wo sich allmählich die heutigen öffentlichrechtlichen Landes- oder vielmehr Kantonalkirchen mit sehr unterschiedlichen Strukturen, aber manchen Analogien zur politischen Verfassung ausbildeten. Dazu gehört die Struktur der Kirchgemeinden oder die Rolle der Synoden als Parlamente.

Der Bundesstaat von 1848 garantierte die Kultusfreiheit als ein Grundrecht für die beiden fortan formal gleichbehandelten Hauptkonfessionen (und ab 1874

23

auch für die Juden). Abgesehen davon legiferierte der junge Staat in religiösen Dingen nur dort, wo er katholische Institutionen als Werkzeug des Ultramontanismus und damit als politisches Instrument einer ausländischen Macht ansah: In den Ausnahmeartikeln wurden der Jesuitenorden und die Neugründung von Klöstern verboten, später die Errichtung von Bistümern an die staatliche Bewilligung gebunden. Solche Bestimmungen sollten den Separatismus bannen, der im Sonderbund gedroht hatte. In den 1870er Jahren heizte der Kulturkampf diese Konfrontation wieder an, wobei die liberalen katholischen Gegner des Unfehlbarkeitsdogmas mit Begünstigung durch reformierte Behörden vor allem in Bern 1875 die Christkatholische Kirche gründeten.[26] Es war der Versuch, gleichsam eine nationalkatholische Kirche herzustellen, der aber letztlich scheiterte. Stattdessen führten Sonderbund und Kulturkampf dazu, dass die konservative Mehrheit unter den Schweizer Katholiken ein solides Selbstverständnis im «Ghetto» entwickelte, und dies im doppelten Sinn: solide einerseits aufgrund ihrer unanfechtbaren Macht in wichtigen kantonalen Refugien, andererseits durch ihre klare Unterlegenheit auf der nationalen Ebene, was die Loyalität und die Kohäsion als – wie man es empfand – unterdrückte Minderheit nur befördern konnte.[27]

Die Integration des politischen Katholizismus in den Bundesstaat erfolgte nicht über eine eigene – christkatholische – Nationalkirche, sondern gegen Ende des 19. Jahrhunderts auf verschiedenen Ebenen. Entscheidend war sicher die bürgerliche Blockbildung gegen die sozialistische Linke, die in ihrem revolutionären Materialismus die liberalen Ordnungsvorstellungen ebenso bedrohte wie die konfessionell-konservativen. In der Geschichtsschreibung manifestierte sich der Schulterschluss schon früh und auffällig darin, dass die liberal-reformierten Begründer der schweizerischen Nationalgeschichte wie Wilhelm Oechsli, Johannes Dierauer und Karl Dändliker ihre Schilderung mit den Bündnissen der Innerschweizer Länderorte beginnen liessen.[28] Katholische Historiker wie Joseph Eutych Kopp oder Philipp Anton von Segesser versuchten sich nicht in nationalgeschichtlichen Synthesen, trugen aber durch Quelleneditionen Entscheidendes dazu bei.[29] Die Verbindung der Traditionen zeigte sich auch darin, dass nun

26 Peter STADLER, *Der Kulturkampf in der Schweiz.* Eidgenossenschaft und Katholische Kirche im europäischen Umkreis 1848–1888, Zürich 1996.

27 Urs ALTERMATT, *Der Weg der Schweizer Katholiken ins Ghetto.* Die Entstehungsgeschichte der nationalen Volksorganisationen im Schweizer Katholizismus 1848–1919, Fribourg ³1995 (urspr. 1972).

28 Sascha BUCHBINDER, *Der Wille zur Geschichte.* Schweizerische Nationalgeschichte um 1900 – die Werke von Wilhelm Oechsli, Johannes Dierauer und Karl Dändliker, Zürich 2002.

29 Michael JUCKER, *Gesandte, Schreiber, Akten.* Politische Kommunikation auf eidgenössischen Tagsatzungen im Spätmittelalter, Zürich 2004.

weithin die spätmittelalterlichen Schlachtfeiern wiederbelebt wurden, aber nicht mehr als lokale, sondern als nationale und national integrierende Ereignisse. Ein kirchlicher Charakter haftete dieser Festkultur weiterhin an, allerdings nicht mehr ein konfessionell ausgrenzender, sondern ein zusehends zivilreligiöser: Es ging nicht mehr um das katholische Gedenken der Toten, sondern um den gesamt-schweizerischen Triumph in siegreichen Taten. Die Reformierten gingen hier denn auch voran, 1822 mit dem St. Jakobsfest in Basel. 1835 wurde die Näfelser Fahrt neu organisiert und belebt, während das – katholische – Morgarten-Schiessen erst 1912 eingeführt wurde.[30]

Den Höhepunkt erlebte dieser Rekurs auf die mittelalterliche Schweiz als vorreformatorische Blütezeit – und damit als Zeit der Einheit vor der Glaubens-spaltung – im Jahr 1891. Erstmals überhaupt wurden Jubiläumsfeiern begangen, die sich auf den «Bundesbrief» von 1291 bezogen. Er war jahrhundertlang kaum beachtet worden und ist als Gründungsakt der Eidgenossenschaft historio-graphisch tatsächlich ziemlich problematisch.[31] Doch symbolisierte das Jubiläum die im gleichen Jahr 1891 erfolgte Integration der Katholisch-Konservativen in den Bundesrat: Der Luzerner Josef Zemp wurde der erste Vertreter derjenigen Schweiz, die sich als Verlierer von Sonderbundskrieg und Bundesstaat erfahren hatte. Diesen neuen Staat empfanden viele Katholiken zum Teil noch lange als Bedrohung für ihren Glauben, dem er ja tatsächlich in Form der religiösen Aus-nahmeartikel eine Sonderbehandlung vorbehielt. Eine offene Diskriminierung unterlieb allerdings, auch wenn – konfessionelle wie parteipolitische – Bezie-hungen bei allen einflussreichen Gruppen für Stellenbesetzungen und Geschäfts-beziehungen weiterhin wichtig blieben; in einem noch lange freisinnig domi-nierten Bundesstaat mit wirtschaftlichen Zentren in den reformierten Städten insgesamt gewiss zum Nachteil der Katholisch-Konservativen. Gleichwohl festigte sich das antisozialistische Bündnis der bürgerlichen Parteien immer mehr und sehr dauerhaft, ja bis in die Gegenwart, insbesondere durch den Landesstreik von 1918 und die 1919 erfolgte Wahl eines zweiten Katholisch-Konservativen in den Bundesrat – es handelte sich um den tatsächlich Erzkonservativen Jean-Marie Musy.

In den dreissiger Jahren zeigte Musy ebenso wie sein Kollege Giuseppe Motta und sein Nachfolger Philipp Etter mehr als nur Verständnis für die autoritären, antiparlamentarischen Vorstellungen, die einerseits von reaktionärer, anti-moderner Nostalgie der Action française und eines Gonzague de Reynold beein-

---

30 Catherine SANTSCHI, *Schweizer Nationalfeste im Spiegel der Geschichte*, Zürich 1991.
31 Georg KREIS, *Der Mythos von 1291. Zur Entstehung des schweizerischen Nationalfeiertags*, Basel 1991.

flusst waren, andererseits vom ständestaatlichen Faschismus italienischer und vor allem österreichischer Prägung.[32] Insofern gab es neben der protestantischen, rechtsbürgerlich-germanophilen Sympathie für rechtsextreme Ideen durchaus auch eine typisch katholische Sensibilität. Diese Traditionen prägten nicht zuletzt die geistige Landesverteidigung, für die Etter führend verantwortlich zeichnete. Der Rekurs auf den Allmächtigen war darin omnipräsent, doch war dies kein konfessioneller Gott, sondern ein schweizerischer – ebenso wie Bruder Klaus, Niklaus von Flüe, der 1947 kanonisiert wurde. Er wurde als Nationalheiliger empfunden, nicht als katholischer Vertreter einer wahren Doktrin, sondern als Prophet der Neutralität («Machet den zun nit zu wit»).[33]

Gerade die langen frühneuzeitlichen Erfahrungen religiösen Zwistes liessen den schweizerischen Staat sich religiös neutral und überkonfessionell präsentieren auch dort, wo er sich in der Präambel der Bundesverfassung auf Gott den Allmächtigen bezog und bezieht. Konfessionelle Unterschiede und Differenzen wurden in gemeineidgenössischen Institutionen eher beschwiegen als ausgetragen, um in einem Land mit vielen anderen möglichen Verwerfungen (Parteien, Sprachen, Stadt – Land) keine unnötige Frontlinie zu errichten. Das Verhältnis zu Kirchen und Religionen wurde nach unten delegiert, an die Kantone, die aus einer staatskirchlichen Tradition allmählich in die Bikonfessionalität und dann in die Glaubensvielfalt glitten, womit gelegentlich – etwa in Calvins Genf – eine klare Trennung von Kirche und Staat einherging. Diese kann aber nicht auf Bundesebene verfügt werden, wie das Schicksal der von allen Ständen und vom Volk 1980 massiv abgelehnten Initiative zur Trennung von Staat und Kirche bewies. Die Glaubensfrage ist eine der unmittelbaren politischen Identitätsräume in Gemeinde und Kanton geblieben.

Da es nie eine Staatskirche oder Staatsreligion der Schweiz gegeben hat, sondern nur in den Kantonen, ist das nur konsequent. Schweizerische Nationalgeschichte ist daher in einer auffälligen Form als säkulare Erfolgsgeschichte jenseits der Glaubensbekenntnisse geschrieben worden. Das unterscheidet sie von den meisten anderen Ländern, deren Geschichte und Geschichtsbild aufgrund ihrer frühneuzeitlichen Entwicklung auf eine einzige Konfession bezogen werden. Das gilt selbstverständlich für religiös homogene Länder wie Spanien oder Schweden. Es gilt aber auch für plurikonfessionelle Staaten, die nur mit einer von

---

32 Vgl. Victor Conzemius (Hg.), *Schweizer Katholizismus 1933–1945*. Eine Konfessionskultur zwischen Abkapselung und Solidarität, Zürich 2001.

33 Vgl. den ersten Beleg für das Zitat (1537) in Hans Salat, *Rechte, wahre Geschichte, Legende und Leben des frommen, andächtigen Nikolaus von Flue*, bei Robert Durrer (Hg.), *Bruder Klaus. Die ältesten Quellen über den seligen Niklaus von Flüe, sein Leben und seinen Einfluss*, Sarnen 1917, Bd. 2, 668–691.

diesen identifiziert werden: Deutschland wegen der preussischen Reichseinigung mit dem Luthertum; die Niederlande wegen der früheren «Öffentlichkeitskirche» mit dem Calvinismus; Grossbritannien mit der anglikanischen Kirche und die laizistischen USA ebenso mit dem Protestantismus wie das laizistische Frankreich mit dem Katholizismus.

Im Unterschied dazu ist die schweizerische Nationalgeschichte aus der Binnenperspektive als säkulare Erfolgsgeschichte verstanden und geschrieben worden, in der die konfessionellen Bindungen aus ihrer Zeit heraus erklärbare, aber bedauerliche Spannungen hervorgebracht hatten. Der säkulare Ersatzgott in der nationalen Heilsgeschichte ist die Freiheit in ihrer ganzen Bedeutungsvielfalt: als demokratische Mitsprache, die unhistorisch bereits in den mittelalterlichen Landgemeinden entdeckt wurde, ebenso wie als Unabhängigkeit, die gegen ausländische Bedrohung – von den habsburgischen Vögten bis zu den Tyrannen in Berlin, Moskau und Brüssel – wehrbereit gewahrt wurde. Daraus ergab sich die Lehre vom helvetischen Sonderfall, einem freien Volk in einer unfreien Welt. Es ist eine rein historische, überkonfessionelle Begründung der eigenen staatlichen Existenz als säkulare Verwirklichung eines auserwählten Volks: auserwählt von der Geschichte, nicht von einem konfessionellen Gott. Diese Auserwähltheit ist auch insofern unreligiös, als sie jeden missionarischen Anspruch ablehnt. Das, was die schweizerische Einzigartigkeit ausmachen soll, kann bestenfalls gewahrt, nicht aber exportiert werden: Es sind nicht universelle, allgemein menschliche Eigenschaften, sondern solche, die als völlig partikular, eigentümlich schweizerisch beansprucht werden und sich letztlich nicht erklären, sondern nur historisch beschreiben lassen – von der geographischen Lage in den abhärtenden Alpen hin zu der bewaffneten, wehrbereiten Neutralität unter blutdürstenden Mächten, vom unbändigen Freiheitsgeist bis zum Fleiss einer massvollen Bevölkerung.

Diese Selbsteinschätzung sah sich im 20. Jahrhundert wiederholt bestätigt, als Europa in zwei Weltkriegen zugrunde ging und allein die Schweiz rein und schuldlos aus diesem Völkermord hervorzugehen schien. Voraussetzung dafür war die von Schillers Einzelgänger Tell formulierte Devise: «Ein jeder zählt nur sicher auf sich selbst.» Konsequent ergab sich eine Interpretation von Neutralität als verweigerte Teilnahme an der Welt, so wie sie ist, nämlich schlecht – so etwa die UNO, der der Souverän noch 1986 in ausnahmslos allen Ständen eine massive Abfuhr erteilte und 2002 nur ganz knapp beizutreten geruhte. Ebenso konsequent war die Reduktion von Aussenpolitik auf humanitäres Engagement durch das Rote Kreuz und in dessen Stil. Die Überzeugung, dass die Welt im Diesseits ohnehin nicht zu retten ist und bestenfalls Balsam auf die vielen Wunden gelegt werden könne, mag letztlich eine religiöse Position sein. Im Spiegel der schweizerischen Erfolgsgeschichte wurde sie allerdings wenig demütig, sondern zumeist selbstzufrieden vertreten. Seit 1989 ist diese Haltung innenpolitisch nicht mehr konsensfähig und aussenpolitisch ein Hindernis geworden. Aber ein Volk, das damit erzogen worden ist, legt das Selbstverständnis säkularer Auserwähltheit nicht leicht ab. Diejenige Partei, die erklärtermassen die guten alten Werte der alten Schweiz verteidigt, hat Wahlerfolge eingefahren, die vor 25 Jahren noch unvorstellbar waren. Der Erfolg der SVP unter dem reformierten Pfarrersohn Christoph Blocher gerade in den katholischen Stammlanden zeigt, dass der historische, zivilreligiöse Appell an das geschilderte Freiheits- und Neutralitätskonzept keine konfessionellen Grenzen mehr kennt – und in seinem unduldsamen Sendungsbewusstsein auch keine politischen.

Politik und Religion in Modernisierungsprozessen

Hermann Lübbe

«Dass es mit der Religion wieder ernst wird», schrieb vor mehr als drei Jahrzehnten Arnold Gehlen, «würde man [...] am Aufbrechen religiös bestimmter
kampfbereiter Fronten bemerken»[1]. Der zitierte Satz hat keine religionsfreund-
liche Anmutungsqualität. Umso eindrucksvoller wirkt sein prognostischer
Realismus. Der Kalte Krieg ist zu Ende. Dafür haben weltpolitisch religionskulturell mitbestimmte Gegensätze an Schärfe gewonnen. Als Protokollant dieses
Vorgangs ist wie kein anderer Samuel P. Huntington hervorgetreten. Sein Best-
seller «The Clash of Civilizations» erschien zuerst 1996 und in deutscher Sprache
bereits ein Jahr später in dritter Auflage[2]. Die Sensation, die das Buch machte,
entsprach der Intensität des Widerspruchs, der sich dagegen erhob – zumal in
Europa. Das Buch werde «zu ernst genommen», fand resümierend Pierre Hassner
vom Pariser Centre d'Etude des Relations Internationales, und im Titel des in
Wien erschienenen Hassnerschen Besprechungsaufsatzes hiess es sogar, Huntingtons These sei «moralisch fragwürdig, politisch gefährlich»[3]. Wahr ist, dass man
mit «Huntingtons Kulturkampfbrille»[4] auf der Nase Konflikte gern übersieht,
bei denen religiöse Faktoren gar keine oder nur eine marginale Rolle spielen –
die residualen und nichtsdestoweniger sehr bedrohlichen Spannungen an den
Grenzen alt-totalitärer Regime wie Nord-Korea, politisierte Selbstbestimmungs-
ansprüche von Ethnien ohne religionskulturelle Separationsabsichten wie bei den
Kurden oder auch der Terror spät-maoistischer Revolutionäre in Nepal, ferner
die zu partieller Territorialherrschaft gelangte Macht von Verbrechersyndikaten
in Kolumbien, der Völkermord im Konflikt zwischen den Hutu und den Tutsi

---

1   Arnold Gehlen, *Religion und Umweltstabilisierung*, in: Oskar Schatz (Hg.), *Hat die Religion
    Zukunft?*, Graz/Wien/Köln 1971, 96.
2   Samuel P. Huntington, *Der Kampf der Kulturen – The Clash of Civilizations*. Die Neugestaltung
    der Weltpolitik im 21. Jahrhundert, München/Wien ³1997.
3   Pierre Hassner, *Moralisch fragwürdig, politisch gefährlich*. Zu Huntingtons Werk «Kampf der
    Kulturen», in: Europäische Rundschau 25/3 (1997) 102.
4   A. a. O., 105.

etc. Andererseits liegt freilich auf der Hand, dass die jüngsten Balkankriege ihren Ausgang von religionskulturell mitgeprägten Siedlungs- und Körperschaftsgrenzen genommen haben, und Hassners Hinweis, dass doch die Balkankrise zu einem «weltweiten Kampf der Kulturen» keineswegs eskaliert sei,[5] ist keine durchschlagende Widerlegung Huntingtons.

So oder so: Bücher werden nützlich, wenn man sie von ihrer starken Seite nimmt, und stark ist Huntingtons These, wenn man sie trivialisiert, das heisst ohne politiktheoretische und geschichtsphilosophische Ansprüche schlicht als Beschreibung nutzt, ohne sich dabei zu Übertreibungen oder gar zu theoretischen Verabsolutierungen verleiten zu lassen. Alsdann wird evident: Nach dem Ende des Kalten Krieges sind abermals Religionen weltweit als ein Faktor politischer Auseinandersetzungen auffällig geworden, und zwar, vor allem, statt als Friedensmächte, als konfliktverschärfende Kräfte.

Auch für Europa gilt das. Vor allem die Balkankriege der neunziger Jahre belegen es. Mit militärischen Mitteln eine Religion durch eine andere zu verdrängen – genau darum handelte es sich, als in symbolisch gezielter Aggression die serbische Artillerie bei ihren Überfällen auf Sarajevo auch die Gazi-Husrev-Beg-Moschee aus dem frühen 16. Jahrhundert, einer der «grössten und prächtigsten Moscheen auf dem Balkan», zertrümmerte. Selbstverständlich wäre sie als Moschee nicht wieder aufgebaut worden, wenn der diktatorial regierende serbische Präsident Milošević sein Kriegsziel der Eroberung «Bosniens und der Herzegowina, Slawoniens und Dalmatiens» sowie der «Reduzierung Kroatiens auf ein ‹Nordkroatien› wie gegen Ende des 16. Jahrhunderts» erreicht hätte.[6] Von analogem, mit militärischen Mitteln manifest gemachtem Sinn war auch der orthodox verfügte und artilleristisch exekutierte Untergang des barocken, nämlich katholischen Vukovar im östlichen Kroatien. Auf die Vorhaltung, diese Zerstörung sei doch ein barbarischer Akt, wurde mit dem religionskulturpolitisch ambitionierten Versprechen erwidert, Vukovar werde schöner als zuvor, nämlich im byzantinischen Stil neu erstehen.

Selbstverständlich lässt sich in einer Gegenwart weltweit repolitisierter religiöser Differenzen auch von analogen Vorgängen ohne Beteiligung christlich geprägter und motivierter Kämpfe berichten. Am 6. Dezember 1992 erstürmte der Mob in Ayodhya im indischen Staat Uttar Pradesh die halbtausendjährige Babar-Moschee und benötigte nur einige Stunden, um sie in einen Steinhaufen

---

5   A. a. O., 106.
6   Vgl. zu diesen Aspekten des jüngsten Balkankrieges Arnold SUPPAN, *Am Balkan nichts Neues?* Vergangenheit, Gegenwart, Zukunft, in: Catherine BOSSHART PFLUGER/Joseph JUNG/Franziska METZGER (Hg.), *Nation und Nationalismus in Europa.* Kulturelle Konstruktion von Identitäten – Festschrift für Urs Altermatt, Frauenfeld/Stuttgart/Wien 2002, 451–462.

zu verwandeln. Im politischen Aspekt der Sache liess sich der Vorgang wahl-kampfstrategisch nutzen. Da in Indien die Rechte und Freiheiten einer Demokratie Geltung haben, war die Fälligkeit der Wiedergutmachung der gesetzwidrigen religiösen Untat unbestreitbar. Der Wiederaufbau der zerstörten Moschee hätte freilich seinerseits den Konflikt noch einmal aufheizen müssen. Zweitausend Tote hatten die Unruhen ohnehin schon gekostet. Da erwies sich der archäologische Bericht einer Sachverständigenkommission für die Beruhigung der hinduistischen Bevölkerungsmehrheit als hilfreich. Die Kommission fand, unter den Trümmern der ruinierten Moschee hätten sich weitere Tempelreste gefunden – die eines Shiva-Tempels nämlich. Entsprechend hatte man dem Befund der sach-verständigen Archäologen die religionspolitische Massgabe zu entnehmen, dass der Moscheenplatz für den Neubau eines Heiligtums den Hindus zustehe.[77]

Es handelt sich hier um ein Detail aus einem fortdauernden, religiös auf-geladenen Konflikt, in den immerhin zwei Grossstaaten, Indien und Pakistan, mit ihren jeweiligen Betroffenheiten verwickelt sind. Zum Hintergrund dieses Konflikts gehören überdies die ungelösten territorialen Streitfragen Kashmir betreffend, und der Friede, der zum Glück derzeit hält, ist der Friede des Nicht-Kriegs unter der Drohung der Atombomben, über die beide Nachbarn verfügen.

Auch der Buddhismus wurde zum Objekt einer symbolisch bedeutsamen religionspolitischen Aggression. Weltweit wurden die Medienkonsumenten Zeit-zeugen der Beseitigung einer Buddha-Grossstatue mittels Dynamit in Afgha-nistan durch die Taliban. Zahlreiche Kommentatoren qualifizierten den Akt als barbarisch. Aber das war ein Missverständnis. Nicht «Vandalen» hatten sich hier betätigt, vielmehr jugendlich-gläubige Fundamentalisten einer Religion des strik-ten Bilderverbots. Was es damit auf sich hat, ist uns mit seinen die kulturelle Lebenswelt verändernden Folgen ja auch aus der europäischen Kirchengeschichte vertraut.[88]

Mit der Erinnerung an Fakten, die die These stützen, dass religiös formierte Kräfte weltpolitische Fronten eröffnet haben, liesse sich lange fortfahren – von den innerislamischen Konflikten zwischen Sunniten und Schiiten, die im langen und blutigen Krieg zwischen dem Iran und dem Irak scharf geworden sind und heute die Besatzungspolitik der Sieger des zweiten Irak-Krieges belasten, bis hin zu den ungelösten Problemen der Zukunftsfähigkeit des türkischen Laizismus

7   So der Bericht Bv. [= Bernhard Imhasly]: *Gott als Wahlhelfer in Indien.* Im Vorfeld der Regional-wahlen greift die regierende BJP zur religiösen Waffe, in: Neue Zürcher Zeitung (Internationale Ausgabe) 223/223 (2003) 6.

8   Vgl. dazu Cecile Dupeux/Peter Jezler/Jean Wirth (Hg.), *Bildersturm – Wahnsinn oder Gottes Wille?* Katalog zur Ausstellung Bernisches Historisches Museum (Musée de l'Œuvre Notre-Dame, Strassburg), Zürich 2000.

unter den Herausforderungen des Islamismus – vom irreversibel gewordenen und immer wieder einmal im Märtyrer-Terrorismus sich manifestierenden Willen fundamentalistisch orientierter Palästinenser, sich politisch als Staatsnation zu konstituieren, ganz abgesehen.

Im Versuch der Beantwortung der Frage «Was tun?» setzen heute einige Kommentatoren ihre Hoffnung auf Fortschritte der Modernisierung, die über Säkularisierungsprozesse die Religion kulturell schwächen und ihre politischen Potentiale zersetzen werde. In der Tat: In Europa wächst die Zahl der Länder, in denen der Säkularisierungsprozess weit fortgeschritten ist und wo weniger als die Hälfte der Bürger überhaupt noch einer Kirche angehören. Für die Niederlande zum Beispiel gilt das, für Tschechien auch, und im Kernland der Reformation, nämlich im heutigen deutschen Bundesland Sachsen-Anhalt, beträgt der entsprechende Anteil gerade noch sechzehn Prozent. Das ist das säkularisierte Europa. Aber für die USA gilt nicht dasselbe. Sie hat sich als säkularisierungsresistenter erwiesen. Es handelt sich hier um ein Land strikter Trennung von Staat und Religion, das aber, anders als in den Traditionen des europäischen Laizismus, in religiöser Motivation, nämlich im Interesse der Freiheiten zahlloser Religionsgemeinschaften, unter denen die Katholiken inzwischen zur weitaus grössten Gemeinschaft herangewachsen sind. Das wäre ersichtlich nicht möglich gewesen, wenn sich auch in den USA, nach dem Muster europäischer Länder, zunächst eine (protestantische) Staatskirche entwickelt hätte. Das bedeutet: In den USA ist die Religion weder staatskirchenrechtlich privilegiert noch laizistisch privatisiert und aus dem öffentlichen Leben zurückgedrängt. Sie ist vielmehr lebendiger Teil des öffentlichen Lebens, ja der Politik – von den in Europa undenkbaren Gebeten, die der Präsident in Amtsausübung spricht, bis zur Anrufung Gottes auf jeder Ein-Dollar-Note.

Die insoweit skizzierte Präsenz lebendiger religiöser Kultur im Kontext einer hochmodernen Gesellschaft, wie sie die USA prägt, ist auch aussenpolitisch folgenreich. Der Balkankrieg lehrt es. Die USA erwiesen sich als das Land der grösseren Empfindlichkeit für die religionspolitischen Implikationen der Sache. Ich erinnerte an die symbolisch gemeinte Zertrümmerung der Gazi-Husrev-Beg-Moschee in Sarajevo durch die serbische Artillerie. Inzwischen ist diese Moschee «mit Unterstützung Saudiarabiens wieder aufgebaut worden»[9]. Das ist seinerseits ein hoch symbolischer Vorgang. Er belegt das Interesse, mit dem die islamische Welt auf die Auseinandersetzungen im balkanischen Europa aufmerksam war. Man erinnert sich auch an den Besuch der beiden Damen Çiller und Bhutto, also der Mitte der neunziger Jahre amtierenden Ministerpräsidentinnen der bei-

9 A. a. O. (vgl. Anm. 6), 451.

den grössten und zugleich militärstärksten islamischen Länder diesseits Indonesiens, in Sarajevo. Die Frage war, ob Europa und darüber hinaus der Westen die Liquidation der letzten religionskulturellen Reste des Osmanischen Reiches westlich der heutigen Türkei hinnehmen werde. Die nahostpolitischen Folgen der Glaubwürdigkeitsverluste, die mit einer Duldung der Säuberung Bosniens von Relikten selbstbestimmungsfähiger islamischer Kultur zwangsläufig verbunden gewesen wären, hätten natürlich in erster Linie die USA als die im Nahen Osten sicherheitspolitisch einzig uneingeschränkt handlungsfähige Macht belastet. Entsprechend starteten Ende August und Anfang September 1995 vom Flugzeugträger «Theodore Roosevelt» gemäss NATO-Beschluss Kampfbomber der USA und erzwangen für Sarajevo durch Liquidation der um diese Stadt herum postierten serbischen Artillerie den Frieden.

Der Vorgang wiederholte sich dann in analoger Weise später noch einmal, als Serbien im Vertrauen auf westeuropäisches Interesse an seiner Unteilbarkeit vermeinte, sich auf das ultimative Verlangen der Rambouillet-Konferenz vom Februar 1999, den muslimischen Einwohnern des Kosovo endlich Selbstbestimmungsrechte zu gewähren, nicht einlassen zu müssen. Es war dann die NATO, die mit ihren primär von den Amerikanern gestellten militärischen Mitteln das Ende des serbischen Versuchs erzwang, im Kosovo die religionskulturellen Langfristwirkungen der Schlacht auf dem Amselfeld zu revidieren.

In der politischen Quintessenz bedeutet das: Kompetenter als die Führungsmächte der heute in der Europäischen Union sicherheitspolitisch schwach miteinander kooperierenden Führungsmächte Alt-Europas erwiesen sich in der Handhabung der jüngsten Balkankrise die USA. Dabei beruhte diese grössere Kompetenz nicht allein auf der Verfügung über ausreichende militärische Mittel. Sie beruhte zugleich auf der erfahrungsgesättigten Einsicht in eine modernitätsspezifische Friedensbedingung. Es handelt sich um die Erfahrung, dass im Konfliktfall die politische Gewährleistung von Selbstbestimmungsrechten wichtiger als der separationsvorbeugende Schutz bedrohter staatlicher Einheit ist, und das insbesondere dann, wenn der fragliche Selbstbestimmungswille vom Interesse an der Erhaltung und Verlebendigung einer bedrohten religionskulturellen Identität mitgeprägt ist.

In der Orientierung an diesem Grundsatz war die Politik der USA in der Balkankrise zukunftsfähiger als die politischen Optionen, von denen sich massgebende Länder in der Europäischen Union zunächst leiten liessen. Entsprechend gilt heute im Rückblick diese Phase der Bemühungen der Union, sich aussen- und sicherheitspolitisch als handlungsfähig zu erweisen, auch gemeinhin nicht als rühmlich. Indessen: Für den zweiten Irak-Krieg gilt etwas anderes. In Teilen der Weltöffentlichkeit und zumal in der Mehrzahl der kontinentaleuropäischen

Länder hat sich die Meinung verfestigt, dass die völkerrechtliche Legitimität dieses Krieges zweifelhaft sei, und wer als Laie dazu besonnene Experten befragt, gewinnt kein anderes Bild.[10] Dabei darf man sicher sein, dass der völkerrechtliche Aspekt der Sache sich nicht einmal in den Vordergrund drängen würde, wenn die Liquidation des Saddam-Regimes rasch zu einem durchschlagenden Erfolg im Kampf gegen den Gross-Terror geführt hätte. Eben davon kann aber bislang keine Rede sein. Wenn das so bliebe, so könnte das im politischen Aspekt der Sache heissen, dass die amerikanische Entscheidung für den Krieg – um es in Aufnahme eines Zynismus von Talleyrand zu sagen – schlimmer als ein Rechts-verstoss war, nämlich ein Fehler. Dabei hätte man freilich zugleich zu berück-sichtigen, dass mit der globalisierungsabhängig wachsenden Bedeutung des Völ-kerrechts auch die politischen Schadensfolgen von Verstössen wider es wachsen.

So oder so: Wenn es einmal den derzeit noch agierenden terroristischen Gruppen gelingen sollte, sich in den Besitz von Massenvernichtungswaffen zu setzen, wenn diese überdies, statt die USA, auch Europa träfen, so wäre selbst-verständlich auch der hiesige Diskussionsstand verändert. Als dominante Frage verbliebe die nach den geeigneten militärischen und politischen Mitteln der Terrorbekämpfung. Aber was ist die richtige Antwort auf die neuen Herausfor-derungen des seinerseits global gewordenen Gross-Terrors? Ersichtlich genügt es nicht zu sagen, dass es sich in jedem Fall um eine in ihrer völkerrechtlichen Legitimität unzweifelhafte Politik handeln müsse. Die internationale Politik ist auf der Suche nach einer Strategie, die nach Kriterien der Zweckrationalität antiterroristisch erfolgreich sein könnte. Eben dazu gehört heute auch der reli-gionspolitische Aspekt der Sache. Immerhin war es ein «Krieg gegen den Grossen Satan», der mit dem Angriff auf die USA im September 2001 eröffnet werden sollte, und dabei hatte dieser Angriff die Dimensionen der Katastrophe von Pearl Harbor im Dezember 1941.

Mit einiger Verblüffung nimmt man entsprechend zur Kenntnis, dass pro-minente europäische Gross-Intellektuelle und auch sonstige Repräsentanten des öffentlichen Lebens die amerikanische Reaktion auf diese Herausforderung nun ihrerseits als voraufgeklärtes Gotteskriegertum qualifizierten. Moderat ist noch die Feststellung Hans Küngs, man müsse den Präsidenten Bush «als Fundamen-talisten» bezeichnen. Gemäss Walter Jens hat man sich in der Klage über die Politik der Ayatollahs bislang wohl in der Adresse geirrt: «Bush – das ist der Ayatollah. Ein Mann, der auf ‹christlicher› Basis einen heiligen Krieg zu führen

---

10 Vgl. Daniel Thürer, *Testfall Irak. Ist das Völkerrecht wirklich am Ende?*, in: Neue Zürcher Zei-tung. (Internationale Ausgabe) 223/32 (2003); ferner: Dieter Blumenwitz, *Die völkerrechtlichen Aspekte des Irak-Konflikts*, in: Zeitschrift für Politik, 50/3 (2003) 301–334.

versucht». Der prominente und verdiente deutsche Kirchenmann Manfred Kock bekundete «furchtbare Angst» – das aber nicht über den nahgerückten Gross-Terror der islamistischen Gotteskrieger, vielmehr über den «religiösen Fundamentalisten» im amerikanischen Präsidentenamt, der glaube, eine religiöse Mission erfüllen zu müssen. Auch der Christdemokrat Heiner Geißler hält zur Charakteristik von George W. Bush den Neologismus «christlicher Ajatollah», der einen «Kreuzzug» plane, für angemessen. Ein evangelischer Kirchenpräsident beklagt die amerikanische Absicht, «das Böse zu bekämpfen»[11], und ein bekannter Theologe identifiziert als geistigen Hintergrund der amerikanischen Politik, «nebst Cäsaropapismus», «Freund-Feind-Denken»[12]. Dem Mangel an Verständnis dessen, worum es sich im extremen Ausnahme- und Ernstfall bei der Politik handelt, mag man auf sich beruhen lassen. Immerhin waren doch die Amerikaner Objekt eines Angriffs gewesen, der sie über zweitausend Tote gekostet hatte. Das Subjekt eines solchen Angriffs pflegt man doch, auch nach alt-europäischer Überlieferung, einen «Feind» zu nennen, und die neuerdings verbreitete Art, das für eine Manifestation bedauerlichen «Freund-Feind-Denkens» zu halten, dürfte exklusiv deutsch sein.

Nicht hier liegt das tatsächlich bislang ungelöste Problem. Es liegt vielmehr in Mängeln der für strategische und taktische Zwecke ausreichenden Identifizierung und Charakteristik des Feindes. Gravierender noch und bis in die religiösen Dimensionen menschlicher Lebensverfassung reichend ist die in den zitierten US-kritischen Stimmen sich bekundende Weigerung, die Unterscheidung von Gut und Böse politisch überhaupt für relevant zu halten. Da hatten doch nun die Amerikaner ihren mitentscheidenden Beitrag zum Sieg der Alliierten im Zweiten Weltkrieg geleistet, der vom Regime der Nationalsozialistischen Deutschen Arbeiterpartei ausgelöst worden war, sie hatten sich überdies als schliesslich siegreiche Schutzmacht der freien Länder im Kalten Krieg gegen den bolschewistischen Internationalsozialismus bewährt: Wie hätte das alles ohne einige Sicherheit im Urteil über die weltpolitische Verteilung von Gut und Böse möglich sein können? Gewiss: In der jetzt fälligen Abwehr des weltweit terroristisch aktiv gewordenen islamistischen Extremismus sind die Fronten, an denen der Abwehrkampf mit guten Erfolgsaussichten geführt werden könnte, weniger leicht als in vergangenen Kriegen zu identifizieren. Aber schliesslich ist doch schon jedes Geiselbefreiungsunternehmen, jede Entschärfung rechtzeitig entdeckter Spreng-

---

11   Diese und weitere verwandte Stimmen zitiert und belegt Manfred Brocker, *Zivilreligion – missionarisches Sendungsbewusstsein – christlicher Fundamentalismus?* Religiöse Motivlagen in der (Aussen-)Politik George W. Bushs, in: Zeitschrift für Politik 50/2 (2003) 119f.

12   Hans-Eckehard Bahr, *Der Kampf für das Gute.* Religiöse Motive amerikanischer Machtpolitik, in: zur debatte – Themen der Katholischen Akademie in Bayern 4 (2003) 29.

sätze, ja die schlichte Bewachung bedrohter UNO-Quartiere und humanitärer Einrichtungen im Nahen Osten zu einer Sache auf Leben und Tod geworden. Es bleibt eine befremdliche Vorstellung anzunehmen, man könne im politischen Lebenszusammenhang Bürgern, Soldaten nämlich, ohne einige Gewissheit über die hier jeweils gegebenen Grenzverläufe zwischen Gut und Böse ihre gefährlichen Einsätze zumuten. «Einige Gewissheit» – das schliesst verbliebene Ungewissheiten ein, und allein deswegen schon bleibt es rational, bei solchen Einsätzen überdies noch Gebetshilfe in Anspruch zu nehmen.

Die exemplarisch zitierte, diffamierend gemeinte Kritik an der in der Tat unübersehbar zivilreligiös konnotierten amerikanischen Politik verkennt generell die auch in unserem Jahrhundert nicht getilgten, ja neu scharf gewordenen politischen Potentiale der Religion, und sie verkennt überdies speziell die historischen Gründe, die in den USA die Religion als einen Faktor unseres öffentlichen und politischen Lebens sichtbarer als in Europa sein lassen. Ein schlichter Irrtum wäre es anzunehmen, es sei eben eine biographisch erklärbare, sozusagen marottenhafte Art des damals amtierenden amerikanischen Präsidenten, Gott für eine politisch relevante Instanz zu halten. Es handelt sich vielmehr generell um ein amerikanisches Phänomen, und liberale demokratische Präsidenten, die intellektuellen europäischen Konservativismus-Vorwürfen nicht ausgesetzt waren, sind nicht anders verfahren. Auch für Bushs Amtsvorgänger Clinton gilt das – zum Beispiel bei Gelegenheit seiner Beicht- und Bussreden in mehreren afrikanischen Ländern die «Sünde», wie er sich ausdrückte, die amerikanische Sklavenfängerei betreffend. Regelmässig beschloss der Präsident diese Reden mit dem frommen Wunsch «God bless you»[13].

Ein besonders grobes Missverständnis wäre es schliesslich, wenn man fände, wegen des vermeintlichen Kreuzzugscharakters ihrer Kriege provozierte die USA eine politische Frontenbildung zwischen dem Christentum einerseits und dem Islam andererseits. In der singulären Pluralität religiöser Gemeinschaften, die die amerikanische Kultur prägen, ist man zugleich in der Kunst, sich zu Leuten anderer kultureller Prägung in Beziehung zu setzen, sehr erfahren, und auch in der Verpflichtung zum Beispiel, der inzwischen Fluggesellschaften unterworfen wurden, die Religionszugehörigkeit ihrer Passagiere zu erfragen, wurde ja nicht unterstellt, Muslime seien eo ipso Glieder einer terrorbereiten Glaubenskommunität. Die Sache hatte vielmehr eine erläuterungsunbedürftige abwehrtechnische Rationalität. Es ging darum, terroristische Sektierer ausfindig und damit von

---

13 Zur zivilreligiösen Ausstattung dieses Teils amerikanischer Aussenpolitik vgl. das Kapitel «Vergebungsbitten und Entschuldigungen – ein neues Element internationaler Politik» in: Hermann Lübbe, *Ich entschuldige mich. Das neue politische Bussritual*, Berlin 2003, 17ff.

anderen Muslimen unterscheidbar zu machen. Die weltöffentliche Demonstration der Nötigkeit eben dieser Unterscheidung gehörte bereits zu den frühesten öffentlichen Reaktionen des damaligen amerikanischen Präsidenten auf die Nachricht von den Anschlägen auf New York und Washington, nämlich durch den Besuch einer Moschee. Auf einen aussenpolitischen Grundsatz im Kampf gegen den islamistisch inspirierten Terror gebracht heisst das: Es bedarf intensivierter Kooperation mit den islamisch geprägten Ländern in der Absicht, sie bei der internen Abwehr des islamischen Extremismus zu unterstützen und zuvor noch ihr Eigeninteresse, das sie zu dieser Abwehr bewegen sollte, zu wecken.

Religion(en) in der Politik

Zum politischen Umgang mit Religion in der pluralen Demokratie

PETER VOLL

Vor kaum mehr als zwanzig Jahren noch mochte die Frage nach der Rolle der Religion in der Politik – zumindest in der Politik der westlichen Demokratien – als primär historische Frage gelten, allenfalls als Frage nach den Restbeständen und Überbleibseln einer Religion kurz vor Vollendung der «Säkularisierung»[1]. In der Zwischenzeit ist die Säkularisierungsgewissheit mancherorts verloren gegangen, auch in den Sozialwissenschaften[2], die sich in den jüngsten Jahren in zahlreichen Forschungsprogrammen, Tagungen und Publikationen wieder vermehrt mit dem Phänomen «Religion» auseinandergesetzt haben. Dass dabei die Verbindung zur Politik besonders häufig zur Sprache kommt, dürfte direkt mit einigen Ursachen für die neue Thematisierung der Religion zusammenhängen – zum neuen Blick auf Religion haben ja vor allem Ereignisse im politischen Raum beigetragen. Genannt seien etwa

- der Eintritt der Evangelikalen in die US-amerikanische Politik, in der sie sich sowohl als eines der wichtigsten Wählerreservoire wie auch als Mitglieder der Elite etabliert haben[3]
- der Zerfall des sowjetischen Imperiums und anderer Staaten Osteuropas, zu dem die Religionen einerseits auf die verschiedensten, auch konflikt- und gewaltverschärfenden Weisen beigetragen und von dem sie andererseits auch profitiert haben. Auch die Dynamik der daran sich anschliessenden Expansion

---

1   Auf den weniger analytischen als «ideenpolitischen» Gehalt des Säkularisierungsbegriffs, mit dessen Hilfe gerade die Trennung der Sphären je nach Standpunkt eingefordert oder beklagt werden kann, hat Hermann Lübbe allerdings bereits in den 1960er Jahren hingewiesen. Vgl. Hermann LÜBBE, *Säkularisierung*. Geschichte eines ideenpolitischen Begriffs, Freiburg i. Br. 2003.

2   Auch wenn ein Wiederaufleben religiöser Orientierungen auf der Individualebene nicht zu beobachten ist. Vgl. Detlef POLLACK/Gert PICKEL, *Religious Individualization or Secularization? Testing Hypotheses of Religious Change – the Case of Eastern and Western Germany*, in: *British Journal of Sociology 58* (2007) 603–632.

3   D. Michael LINDSAY, *Evangelicals in the Power Elite: Elite Cohesion Advancing a Movement*, in: *American Sociological Review 73* (2008) 60-82.

der Europäischen Union wurde und wird durch die religiöse Tradition der neu hinzutretenden Staaten nicht unwesentlich beeinflusst

- die Entstehung eines neuen Ost-West-Gegensatzes, den Samuel Huntington[4] auf die ebenso einprägsame wie fragwürdige Formel eines «Clash of Civilizations» gebracht hat, und als dessen spektakulärster Ausdruck im Allgemeinen der islamistische Terrorismus gilt, der seine Ziele in religiöser Sprache artikuliert und motiviert
- die Verdoppelung dieses Gegensatzes im Innern zahlreicher westlicher Staaten, in denen sich in der Folge der Immigration eine islamische Diaspora gebildet hat[5].

Auf unterschiedliche Weise und auf verschiedenen Ebenen, lokal wie global, haben diese Entwicklungen dazu beigetragen, dass die Religion als Problem erscheint, dessen Lösung von der Politik erwartet wird. Und so unterschiedlich die Ebenen, auf denen sie angesiedelt sind, so kontrovers die Bewertungen, die sie erfahren, so unbestreitbar beeinflussen diese Entwicklungen die Handlungsmöglichkeiten politischer und religiöser Akteure: Sie schaffen neue Möglichkeiten der Thematisierung von Religion, der Reaktualisierung alter Konfliktlinien und der Mobilisierung von Anhängerinnen und Wählern.

Vor diesem Hintergrund, aber mit dem Fokus Schweiz, werden im Folgenden einige Überlegungen zur gegenseitigen Bedeutung von Politik und Religion unter den Bedingungen religiöser Pluralität präsentiert. Um dafür einen allgemeinen Rahmen zu gewinnen, soll zunächst (1.) gezeigt werden, wie religiöse Pluralität das sozialwissenschaftliche Verständnis von Religion beeinflusst, aber auch umgekehrt, wie Religionen – nun im Plural – durch gegenseitige Beobachtung beeinflusst werden. Den Veränderungen auf Seiten der und im Verständnis von Religion entspricht eine Umstellung im Verständnis von Gesellschaft, damit auch im Verhältnis von Staat und Politik (2.). Darauf aufbauend werden dann einige historische und aktuelle Konstellationen der *Politik mit der Religion*, die ebenso *Religion in der Politik* wie *Politik in der Religion* ist, gezeichnet (3.), die abschliessend zur Formulierung etwas weiter reichender Thesen (4.) benutzt werden.

4 Samuel P. HUNTINGTON, *The Clash of Civilizations and the Remaking of World Order*, New York 1996.

5 Vgl. die beiden Beiträge von Nico LANDMANN in Werner ENDE/Udo STEINBACH (Hg.), *Der Islam in der Gegenwart. Entwicklung und Ausbreitung, Kultur, Religion, Staat, Politik und Recht*, München 2005, 561-597.

1. Religiöse Pluralität, individuelle Religiosität und religiöse Zugehörigkeit

Die soziologische Theorietradition, die Religion nicht nur mit *der* Gesellschaft assoziiert, sondern in ihr auch die Grundlage des gesellschaftlichen Zusammenhalts sieht, ist altehrwürdig und reicht – mindestens – bis in die frühe Neuzeit zurück. In der Soziologie steht für sie insbesondere der Name von Emile Durkheim: In den «Formes élémentaires de la vie religieuse» von 1912 definiert er Religion als «ein solidarisches System von Überzeugungen und Praktiken, die sich auf heilige, d. h. abgesonderte und verbotene Dinge beziehen, die in ein und derselben moralischen Gemeinschaft, die man Kirche nennt, alle vereinen, die ihr angehören»[6]. Die «Idee der Religion», so fährt er weiter, «ist untrennbar mit der ‹Idee der Kirche› verbunden: ‹Die Religion ist eine im Wesentlichen kollektive Angelegenheit›». Das gilt ganz offensichtlich auch umgekehrt: Die Gesellschaft ist eine eminent religiöse Sache, sie beruht auf Religion, denn diese ist der Ausdruck der Moral einer Gesellschaft. Und so muss sich Durkheim auf die Suche nach den Nachfolgern der (traditionellen) Religion machen, wenn die christliche Religion aufgrund ihres in seinen Augen rational nicht haltbaren Inhalts ausfällt. Diese neue Religion gründet in den grossen Momenten der Geschichte, in denen die Gesellschaft in einen kollektiven Taumel gefallen ist, und sie lebt aus der immer wieder zelebrierten Erinnerung an diese Momente.

Die Anklänge an die Französische Revolution sind unüberhörbar, und ebenso der Versuch, dem (in Durkheims Fall) französischen laizistisch-säkularen Nationalstaat des frühen 20. Jahrhunderts ein ideologisches Fundament zu schaffen.[7] Die Vorstellung von Religion und ihrer innergesellschaftlichen Existenz, die darin zum Ausdruck kommt, hat die religionssoziologische Diskussion über Talcott

---

6   Emile DURKHEIM, *Les formes élémentaires de la vie religieuse*, Paris 1960; zitiert nach der deutschen Übersetzung von Ludwig SCHMIDTS, *Die elementaren Formen des religiösen Lebens*, Frankfurt a. M. 1981, 75 (²1998).

7   Dazu Horst FIRSCHING, *Die Sakralisierung der Gesellschaft.* Emile Durkheims Soziologie der ‹Moral› und der ‹Religion› in der ideenpolitischen Auseinandersetzung der Dritten Republik, in: Volkhard KRECH/Hartmann TYRELL (Hg.), *Religionssoziologie um 1900*, Würzburg 1995, 159–193, sowie neuerdings Hartmann TYRELL, *Kulturkämpfe in Frankreich und Deutschland und die Anfänge der Religionssoziologie*, in: Matthias KOENIG/Jean-Paul WILLAIME (Hg.), *Religionskontroversen in Frankreich und Deutschland*, Hamburg 2008, 97–181, und Jean BAUBÉROT, *Durkheim und die Debatte um die Laizität*, in: Matthias KOENIG/Jean-Paul WILLAIME (Hg.), *Religionskontroversen in Frankreich und Deutschland*, Hamburg 2008, 182–203.

Parsons[8], Thomas Luckmann und v. a. Peter L. Berger[9] bis in die 1980er Jahre entscheidend geprägt: die Vorstellung nämlich, dass Religion nur als allgemein geteiltes System letzter oder höchster Überzeugungen existieren könne. In der Konsequenz ist mit einer Pluralisierung der Religion immer auch deren Relativierung – und d.h. deren Abwertung – verbunden. Für die Gesellschaft bedeutet das, im Rahmen dieses Denkmodells, die Notwendigkeit, etwas Allgemeineres, den grössten gemeinsamen Nenner aller in ihr vorfindlichen Religionen an die Stelle der traditionellen, nun partikulär gewordenen Religion zu setzen. Für den einzelnen oder die einzelne dagegen heisst das, dass er/sie es zunehmend als Zumutung erfährt, etwas als unumstössliche, heilige und unantastbare Wahrheit zu glauben, wenn doch offensichtlich andere anderes für wahr halten. Pluralisierung auf der Ebene der Gesellschaft führt somit unvermeidlich zum Religionsverlust auf der individuellen Ebene, sie ist geradezu *der* Schlüssel zum Verständnis von «Säkularisierung». Modernisierungstheoretisch aufgeladen liesse sich die Theorie etwa so formulieren: je mehr Mobilität, desto mehr Pluralität, desto weniger individuelle Religiosität.

Diese Säkularisierungstheorie, hier nur holzschnittartig vergröbert und ungeziemend verkürzt dargestellt, ist in einem wesentlichen Punkt auf den Widerspruch der Realität gestossen. Die USA, *das* Land des religiösen Pluralismus und gewiss auch eine der modernsten Gesellschaften, weisen ein weit höheres Niveau individueller Religiosität und kirchlicher Praxis auf als die religiös weitaus homogeneren europäischen Gesellschaften mit Ausnahme Polens und Irlands. Dies hat in den letzten 20–30 Jahren zu einer Revision der Vorstellungen über die individuellen Funktionen und die soziale Basis von Religion geführt. Insbesondere Vertreter des methodologischen Individualismus und des *Rational Choice*[10]

8   Talcott PASRONS, *Societies*. Evolutionary an Comparative Perspectives, Englewood Cliffs (N.J.) 1966.

9   Peter L. BERGER, *Zur Dialektik von Religion und Gesellschaft*. Elemente einer soziologischen Theorie, Frankfurt a. M. 1973; DERS./Thomas LUCKMANN, *Die gesellschaftliche Konstruktion der Wirklichkeit*. Eine Theorie der Wissenssoziologie, Frankfurt a. M. 1969; DERS./Davie FOKAS/Effie FOKAS, *Religious America, Secular Europe?* A Theme an Variations, Aldershot 2008.

10 V. a. William Sims BAINBRIDGE/Rodney STARK, *A Theory of Religion*, Berne 1987, sowie Laurence R. IANNACONE, *Why Strict Churches Are Strong*, in: *American Journal of Sociology 99* (1994) 1180–1210. Für eine neuere Formulierung vgl. Michael McBRIDE, *Religious Pluralism and Religious Participation*. A Game Theoretic Analysis, in: *American Journal of Sociology 114* (2008) 77–106. Zentral für die Argumentation dieses Theorieansatzes ist der Verzicht des Staates auf Schaffung eines künstlichen Monopols durch Privilegierung einer Religionsgemeinschaft bzw. Kirche. Erst dies ermöglicht Wettbewerb und damit Effizienz im Sinne der Passung von Nachfrage und Angebot. Das im Folgenden genutzte Identitätsargument scheint mir allerdings davon unabhängig (und dürfte auch mit den begrifflichen Mitteln des Rational Choice gerade nicht formuliert werden können). Eine empirische Über-

haben hervorgehoben, dass Religion gerade im Pluralismus zur Darstellung von Identität und Besonderheit eingesetzt werden kann. Der und die Einzelne erfährt als Mitglied einer religiösen Gruppe seine und ihre Identität und kann diese als zugleich besondere (in Abgrenzung von den andern) und allgemeine (in Gemeinschaft mit andern) einsetzen[11]. Beides, Abgrenzung wie Gemeinschaft, wird nicht durch Geburt, sondern durch Entscheidung hergestellt, vielfach symbolisiert durch die Bekehrungserzählung, die das Paradox von religiöser Erwählung und Selbstfestlegung in einer ritualisierten Form zum Ausdruck bringt. So verstanden steht religiöser Pluralismus am Anfang jeder missionarischen Tätigkeit, er erklärt gerade das Blühen und nicht etwa den Niedergang religiöser Gemeinschaften und individueller Religiosität. Im amerikanischen Kontext kann Religion folglich, anders als das Europäer und Europäerinnen sehen, zum Integrationsvehikel für Migranten werden, und zwar auch als ethnisch spezifische Religion. Ethnoreligiös zu sein heisst dann, seine Besonderheit zu betonen, und gleichzeitig, eben mit seiner Religiosität, seine American-ness.[12]

Damit geht eine Umkehr der Blickrichtung einher: Religion wird zu einem Element des Lebensstils, d. h. zu einem Merkmal, das man zeigt, um sich mit den einen zu verbinden und von den andern abzusetzen. Religionsgemeinschaften werden zu Lebensstilmilieus, die sich nicht nur durch ihren Glauben und ihre Vorliebe für Kirchenmusik von andern unterscheiden. Insbesondere der traditionell ohnehin religionsnahe Bereich der *family issues* – Sexualität, Lebensformen, Kinderzahl und Kindererziehung – aber auch Kleidung und kulturelle Präferenzen werden geteilt und nach innen und aussen gezeigt.[13] Da sich gerade religiöse Milieus allerdings auch darum bemühen, entgegen ihrem Image – oder besser: entgegen dem, was sie als Fremdwahrnehmung wahrnehmen – Anschlussfähigkeit oder Modernität zu zei-

---

prüfungen der Pluralitätsthese für die USA (mit gemischten Resultaten) findet sich zuletzt bei Özgecan Koçak/Glenn R. Carroll, *Growing Church Organizations in Diverse US Communities, 1890–1926*, in: *American Journal of Sociology 113* (2008) 1272–1315, sowie für die Schweiz in Jörg Stolz, *Wie wirkt Pluralität auf individuelle Religiosität?* Eine Konfrontation von Wissenssoziologie und Rational Choice, in: Martin Baumann/Samuel M. Behloul (Hg.), *Religiöser Pluralismus.* Empirische Studien und analytische Perspektiven, Bielefeld 2005, 197–222.

11 R. Stephen Warner, *Work in Progress Toward a New Paradigm for the Sociological Study of Religion in the United States*, in: *American Journal of Sociology 98* (1993) 1044-1093.

12 Nancy Foner/Richard Alba, *Immigrant Religion in the U.S. and in Western Europe.* Bridge or Barrier to Inclusion?, in: *International Migration Review 42* (2008) 360–392.

13 Zum Konzept des Lebensstils als Gesamtheit von milieubildenden Zeichen grundlegend Gerhard Schulze, *Die Erlebnisgesellschaft.* Kultursoziologie der Gegenwart, Frankfurt a. M. 1992.

gen, sind diese besonderen Stileigenschaften oft nicht auf den ersten Blick auszumachen.[14]

2. Religion und Staat in der «Gesellschaft»

Das alles – die Differenzierung religiöser Milieus unter gegenseitiger Beobachtung
und damit die Integration der in diesen Milieus verbundenen Individuen durch
Differenz – erfolgt allerdings nicht in einer Art prästabilierter Harmonie, sondern
erfordert immer wieder neu zu sichernde Rahmenbedingungen. Diese werden
durch den Staat gesetzt. Das führt nochmals zurück zur Frage nach der Gesellschaft: Was folgt für das Verständnis von Gesellschaft, wenn Religion nicht mehr
als ein alles überspannender «heiliger Baldachin» (Berger) begriffen werden kann,
sondern als durchaus partikulares – wenn auch individuell mit grossem Ernst
und Anspruch auf Letztgültigkeit und Höchstrelevanz vertretenes – «System von
Überzeugungen und Praktiken» konzipiert werden muss?

Zunächst einmal heisst das offensichtlich, dass die Religion nicht – jedenfalls nicht mehr – gesellschaftskonstitutiv ist. Religion, als Religion*en* (im Plural),
schafft keinen allseits verbindlichen letzten Horizont, macht somit auch keine
Gesellschaft. Möchte man daran aus theoretischen Gründen festhalten, etwa
weil man es sich als Soziologe nicht anders vorstellen kann, so müsste man eine
Religion jenseits der faktisch vorfindbaren Religion*en* – oder vielmehr über diesen – konstruieren, als eine Zivilreligion, auf die sich dann diese und andere
Funktionen übertragen liessen.

Die Schwierigkeiten, Gesellschaft ohne Religion zu begreifen, weisen aber
noch auf ein Zweites hin. Der Gesellschaftsbegriff, sowohl jener unserer Alltags-
sprache wie jener der soziologischen Theorie, hat keine oder jedenfalls keine klare
Referenz. Niklas Luhmann hat daraus die Konsequenz gezogen, als Gesellschaft
das Gesamt aller füreinander erreichbaren Kommunikationen zu bezeichnen.
«Gesellschaft» meint demnach eo ipso Weltgesellschaft.[15] Ob das hilft, sei hier
offen gelassen. Sicher ist, dass Gesellschaft nicht – jedenfalls nicht mehr – als
eine Nationalgesellschaft zu begreifen ist, als ein Gebilde also, das vom Staat aus
gesteuert und von einer spezifischen Wertebasis getragen wird. Dafür fallen ganz
einfach die Grenzen zu vieler Handlungszusammenhänge – nicht zuletzt jene
der Religion – nicht miteinander und insbesondere nicht mit jenen des Staates
zusammen.

---

14 Das gilt auch da, wo christlicher «Lifestyle» als solcher explizit in Anspruch genommen wird,
    wie ein Blick auf einschlägige Websites und Publikationen nahelegt: Der Marker «Lifestyle» steht
    gerade nicht für die Differenz, sondern für das, was mit andern Milieus gemeinsam ist.
15 Vgl. Niklas LUHMANN, *Die Gesellschaft der Gesellschaft*, Frankfurt a. M. 1997.

Damit ist auch klar, dass Religion im Plural keinen Staat macht. Wenn wir unter dem Staat den Apparat und die Regeln verstehen, nach denen auf einem bestimmten Territorium kollektiv verbindliche Entscheide zustande kommen und durchgesetzt werden, dann lassen sich aber Wechselwirkungen verschiedenster Art vorstellen: Der Staat, der sich um Ressourcen, um Legitimation und Zustimmung der Bürgerinnen und Bürger sowie um ihre Steuern bemühen muss, hat sich zu den verschiedenen Religionsgemeinschaften ebenso in ein Verhältnis setzen wie diese sich zu ihm.

Mit dieser letzten Formulierung wird schliesslich auch etwas deutlicher gemacht, wovon hier, durchaus pragmatisch, die Rede ist, wenn von «Religion» gesprochen wird: von einzelnen Religionsgemeinschaften und ihren Mitgliedern, genauer: von den Handlungszusammenhängen, die diese bilden, indem sie sich eines Codes von Immanenz und Transzendenz bedienen, d. h. wenn sie darauf verweisen, dass das konkret Erfahrbare eine darüber hinausweisende Bedeutung habe. «Religion» bezeichnet dann die Gesamtheit der Gemeinschaften und Organisationen bzw. der Handlungen, aus denen sich diese bilden.

Dass im Einzelfall immer schon klar sei, ob ein soziales Gebilde oder eine Handlungskette zu diesem Gesamtzusammenhang Religion gehört, wird damit nicht behauptet. Sowohl für den soziologischen Beobachter wie für die von ihm beobachteten Akteure gilt, dass die Frage der Zugehörigkeit zum religiösen Feld immer wieder neu verhandelt wird. Dies wird gleich deutlich werden, wenn im Folgenden von den verschiedenen möglichen Grundkonstellationen die Rede ist.

3.   Politik mit der Religion: Konstellationen

Die Frage nach den Wechselwirkungen oder nach den Konstellationen, so wie sie hier gestellt wird, ist eine politische Frage[16]; es geht nicht oder nicht zuerst um die Frage, wie Religion Politik intern repräsentiert, auch wenn Hobbes' Leviathan, der als die klassische Darstellung des modernen Verhältnisses ein biblisches Bild verwendet, diese Frage indirekt durchaus mitführt. Hier jedoch geht es in dreifachem Sinne um Politik *mit* der Religion. Um die Umschreibung des religiösen Feldes durch die Politik, die ihrerseits religiös nicht unschuldig sein kann, um die Infusion von Religion in die Politik und drittens um die Rückwirkungen der Politik mit der Religion auf die Religion bzw. die Religionsgemeinschaften.

---

16   Das hängt auch damit zusammen, dass die Frage unter den Voraussetzungen einer rechtsstaatlichen Demokratie gestellt wird. Damit ist vorausgesetzt, dass die verschiedenen Religionen den (demokratischen) politischen Rahmen zumindest als Faktum akzeptieren.

3.1 Politik um die Religion

Eine lange und leidvolle Geschichte von Religionskriegen hat Europa gelehrt, dass religiöse Toleranz unabdingbar ist und dass der Staat als eine Instanz über den religiös streitenden Parteien zu agieren hat. Der «Leviathan», der übermächtige Staat als das buchstäblich aus Menschen gemachte Wesen, bestimmt, was Religion ist und entsprechend Toleranz und Freiheit verdient. Das geschieht bis heute in den westlichen Staaten auf sehr unterschiedliche Weise: Von den Staaten, die sich religiös ziemlich strikt neutral verhalten (wie die USA), bis hin zu jenen, in denen eine offizielle Staatskirche mit Einheit von Krone und Altar (wie in England) besteht. Aber auch innerhalb dieser beiden Traditionen bestehen Unterschiede, die vermutlich sogar bedeutender sind als jene zwischen ihnen.[17] So lassen sich innerhalb der ersten Tradition laizistische Regimes – wiederum sehr verschiedener Art, wie etwa das französische und das davon bis zu einem gewissen Grad inspirierte türkische, von Regimes unterscheiden, die den angestammten und zunehmend auch den zugewanderten Religionsgemeinschaften einen privilegierten öffentlich-rechtlichen Status gewähren. Aber auch innerhalb der staatskirchlichen Tradition variieren Ausmass und Art der Privilegierung der Staatskirche – und in beiden Traditionen wiederum ist zwischen der abstrakt-theoretischen bzw. -ideologischen und der faktischen (Nicht-) Privilegierung einzelner Religionsgemeinschaften zu unterscheiden.

In der Schweiz wie auch in andern föderal aufgebauten Staatswesen sind offene oder verdeckte staatliche Regulierungen der Religion auf allen drei Staatsebenen zu beobachten:

1. Seit 2001 – d. h. seit der Aufhebung der Bewilligungspflicht für die Errichtung katholischer Bistümer – ist auf *Bundesebene* vor allem Art. 15 BV von Bedeutung, der die allgemeine Glaubens- und Gewissensfreiheit statuiert. Die ältere Bundesverfassung enthielt noch verschiedene Relikte aus dem Kulturkampf, deren Abschaffung denn auch Anlass für das Wiederaufleben interkonfessioneller Polemiken in der politischen Arena bot.
2. Auf der *kantonalen Ebene* dagegen liegen die Kompetenzen für die öffentlich-rechtliche Anerkennung der Religionsgemeinschaften und deren Ausstattung mit Steuerrechten. Dass die diesbezüglichen Regelungen sowohl für die interne Organisation einer Religionsgemeinschaft und ihre Handlungsmöglichkeiten wie für ihr Verhältnis zu anderen, ebenfalls anerkannten oder nicht anerkannten Gemeinschaften von zentraler Bedeutung ist, bedarf

---

17 Siehe dazu die Beiträge in Manfred BROCKER, *Religion – Staat – Politik.* Zur Rolle der Religion in der nationalen und internationalen Politik, Wiesbaden 2003.

keiner weiteren Begründung. Nicht zu vernachlässigen sind aber auch die Kompetenzen im Erziehungs- und Sozialwesen, über die einzelne Religionsgemeinschaften und die mit ihnen verbundenen Organisationen gefördert werden können.

3. Welche Kompetenzen den *Gemeinden* zukommen, ist weitgehend Sache der Kantone. Auch wenn hier keine die Religion direkt betreffenden Entscheidungen gefällt werden können, so kann durch die konkrete Handhabung etwa des Raumplanungs- und Baurechts und die Umsetzung kantonaler Vorgaben im Bereich der Volksschule durchaus auch Religionspolitik betrieben werden.

Wenn diese materiell-rechtlichen Regelungen die Religion direkt betreffen, so sind andere, prozedurale Regelungen, von Bedeutung für die Art und Weise, in der Religion zum Thema gemacht werden kann. So ermöglicht es insbesondere das System der halbdirekten Demokratie, Themen auch an den politischen Eliten vorbei auf die Agenda zu setzen; mit dem Referendum können oppositionelle Gruppen innerhalb oder ausserhalb des parlamentarischen Systems die regierenden Parteien oder Teile davon unter Druck setzen, indem sie mit der Blockade wichtiger Vorhaben drohen und dadurch im parlamentarischen Verfahren Konzessionen erzwingen. Beide direktdemokratischen Instrumente sind seit ihrer Einführung im Jahre 1874 (fakultatives Referendum) bzw. 1891 (Volksinitiative) immer wieder für religiöse oder religionsnahe Zwecke und im Dienste konfessioneller Politik benutzt worden, zuletzt etwa mit der Initiative «Für Mutter und Kind – für den Schutz des ungeborenen Kindes und für die Hilfe an seine Mutter in Not» und mit den Referenden gegen die Ausweitung des Sonntagverkaufs.

Volksinitiativen können aber auch benutzt werden, um Religionspolitik im Sinne der Umgrenzung des religiösen Feldes zu betreiben. Prominentestes Beispiel dafür ist die Minarettverbotsinitiative. Spätestens hier zeigt sich auch, dass die Regulierungsfunktion des Staates religiös nicht in jedem Fall neutral ist. Wenn das Verbot rechtlich für ungültig erklärt werden kann, dann mit dem Argument, der säkulare Staat müsse den Islam gleich behandeln wie andere Religionen. Und sofern man Kirchtürme nicht verbieten wolle, müssten eben Minarette ebenfalls erlaubt werden. Nun ist der Islam zweifellos eine Religion. Wie steht es jedoch mit Bewegungen, deren Status als Religion weniger gesichert ist? Geführt wird diese Diskussion vor allem in Bezug auf Scientology und ihre Lehre der Dianetik. Die Organisation war in der Schweiz und ist heute noch andernorts, z. B. in Deutschland, Gegenstand nachrichtendienstlicher Beobachtung. Religion oder Unfug? – Die Entscheidung ist wohl nur im religiösen Positionsbezug zu fällen.

Man wird den Jux mit der Raucherkirche[18] nicht ernst nehmen wollen, aber illustrativ ist er allemal: Der Entscheid des Staats, etwas als Religion anzuerkennen und entsprechend zu privilegieren – und sei es nur durch die Ausnahme von einem Rauchverbot – ist an ein Verständnis der Religion gebunden, das seinerseits nicht unabhängig von Selbstverständnis der etablierten Religionsgemeinschaften sein kann.[19]

3.2 Religion in der Politik

Spätestens hier berühren sich somit eine Politik um die Religion und deren Regulierung und eine Religion in der Politik, also die Vertretung religiöser Interessen und Anliegen im politischen System. Auch dafür bildet das politische System den institutionellen Rahmen, der von den Religionen durchaus strategisch genutzt werden kann. In der Schweiz hat insbesondere der Katholizismus beide politischen Kanäle politischer Artikulation, den direktdemokratischen wie den repräsentativen, virtuos zu nutzen gewusst. Nach der Niederlage im Sonderbundskrieg, die die moderne politische Schweiz möglich machte, erreichte er nicht zuletzt dank dem 1874 eingeführten Referendum rasch eine Blockademacht, die 1891 seine Kooptation in den Bundesrat erzwang – 21 Jahre vor der Gründung der Konservativen Volkspartei.[20] Einer der zentralen Pfeiler kirchlicher Macht im neuen politischen System ist auch Zeitgenossen nicht entgangen: Es ist die Organisationsmacht der Kirche, auf Karikaturen etwa dargestellt als der Landpfarrer, der seinen Schäfchen den Stimmzettel ausfüllt. In der Tat konnten und können aber die Kirchen als hoch integrierte Organisationen mit einer grossen Zahl engagierter Mitglieder jederzeit und in kurzer Frist für ihre Anliegen mobilisieren. Das ist in einer Referendumsdemokratie ein zentraler Trumpf, und entsprechend haben religiöse Organisation kaum je ein Problem, das Quorum von 50'000 Unterschriften für eine Referendumsabstimmung oder von 100'000 für eine Volksinitiative zusammenzubringen.

Ganz generell dürfte denn auch einer der wesentlichen Faktoren für die politische Bedeutung der Kirchen und religiösen Gruppierungen darin liegen, dass

---

18 Als Reaktion auf ein allgemeines Rauchverbote in Gaststätten traten im Sommer 2008 mehrere holländische Wirte «Gottes einziger und universeller Raucherkirche» bei, um damit das Rauchen unter den Schutz der Religionsfreiheit zu stellen (NZZ am Sonntag, 10.08.2008).

19 Dazu Astrid REUTER, *Säkularität und Religionsfreiheit – ein doppeltes Dilemma*. Leviathan, in: *Berliner Zeitschrift für Sozialwissenschaft 35* (2007) 178–192.

20 Vgl. Urs ALTERMATT, *Der Weg der Schweizer Katholiken ins Ghetto. Die Entstehungsgeschichte der nationalen Volksorganisationen im Schweizer Katholizismus 1848–1919*, Fribourg ³1995.

sie über einen hohen Grad von Organisation verfügen[21]. Die meisten – nicht nur die katholische Kirche als Prototyp bürokratischer Organisation – sind sowohl vertikal als auch horizontal hoch integrierte Gebilde. Im Vergleich zumindest zu den traditionellen Parteien verfügen sie über starke zentrale Organe, gleichzeitig aber auch über ein Netzwerk, das den lokalen Kontext übergreift. Beides zusammen begründet eine relativ grosse kollektive Handlungsfähigkeit wie auch eine rasche Verbreitung von Themen und Parolen. Weil zudem die Motivation der Anhängerschaft relativ unspezifisch ist, lässt sich für eine breite Palette von Anliegen Resonanz finden. All dies macht die Kirchen zu durchaus interessanten Bündnispartnern für andere politische Akteure, Parteien wie Bewegungen. Religion kann somit Vehikel für andere politische Anliegen sein, denn innerhalb der Kirchen kann auch für andere, nicht religiös konnotierte Anliegen mobilisiert werden.

Entsprechend war, um wieder darauf zurückzukommen, auch katholische Politik immer mehr als nur die Vertretung spezifisch katholischer Interessen, sondern galt ebenso sehr der Verteidigung einer kleinbürgerlich-agrarischen Lebens- und Wirtschaftsform und der Herrschaftsinteressen der Stammland-Eliten. Mit dem Schwund der katholischen kirchlichen Basis ist allerdings auch die Macht des politischen Katholizismus geschwunden, vorab im repräsentativen Kanal. Seine Exponentin, die sich 1971 in Christlichdemokratische Volkspartei CVP umbenannte, verlor seit 1979 rund 30% ihres Wähleranteils von damals 21.3%, was 2003, bei einem Stand von 14.4%, mit dem Verlust eines Bundesratssitzes an die SVP quittiert wurde. Ob es ihr mit einem Wähleranteil von 14.5% (Wahlen 2007) gelingen wird, diesen Sitz zurück zu erobern, ist offen. Ironischerweise verdankt die CVP-Fraktion ihre Position als gegenwärtig drittstärkste Fraktion der Bundesversammlung, mit der sie ihren Anspruch begründet, dem Beitritt von Abgeordneten der Evangelischen Volkspartei EVP. Diese hatten bei den Wahlen 2007 die Möglichkeit zur Fraktionsbildung mit der weiter rechts stehenden evangelikalen Eidgenössischen Demokratischen Union EDU verloren[22].

Wichtiger als die Frage nach dem Bundesratssitz ist in unserem Zusammenhang etwas anderes: Die SVP als zumindest vorläufige Erbin des Bundesratssitzes hat die CVP auch in ihren Stammlanden wählermässig zu grossen Teilen beerbt. Historisch hat sie denn auch seit je dasselbe Segment abgedeckt: Bauern und

21 Hans Geser, *Zwischen Anpassung, Selbstbehauptung und politischer Agitation.* Zur aktuellen (und zukünftigen) Bedeutung religiöser Organisationen, in: Michael Krüggeler/Karl Gabriel/Winfried Gebhart (Hg.), *Institution, Organisation, Bewegung.* Sozialformen der Religion im Wandel, Opladen 1999, 39-69.

22 Resultate von Abstimmungen und Wahlen gemäss www.swissvotes.ch.

Gewerbetreibende vorab in bundesstaatskritischen ländlichen Regionen – mit dem einzigen Unterschied, dass es reformierte Regionen – Waadt, Bern, Zürich, Thurgau – waren. Daran lassen sich zwei Vermutungen anschliessen:

(1) Die konfessionelle Konfliktlinie in der Schweiz hat kaum mehr Bedeutung. Stattdessen hat sich, wie auch das Verhalten in Sachabstimmungen zeigt, eine Schere zwischen den Kirchgängerinnen und Kirchgängern aller Konfessionen und den andern Stimmenden aufgetan. Diese öffnet sich vor allem bei den bereits zitierten Fragen der familialen Lebensführung und den damit verbundenen Werten. Bei andern Themen dagegen, wie Migrations-, Sozial- und Friedenspolitik, zu denen sich die Kirchenleitungen ebenfalls vernehmen lassen, findet die Kirchennähe kaum je einen Niederschlag im Abstimmungsverhalten.[23]

(2) Mit dem Aufstieg der SVP scheint mir aber noch eine weitere Entwicklung verbunden zu sein, die hier nur gestreift werden kann: eine Entwicklung hin zu einer neuen Lebensstilpolitik. Wohl keine der grösseren Parteien verkörpert und kultiviert – in ihren Themen, ihren Auftritten und ihren Repräsentanten – so sehr einen bestimmten Lebensstil, der in diesem Fall eine Mischung aus Patriotismus, individueller Aufstiegsorientierung, Kulturchristentum und eben auch Familienwerten umfasst. Dazu kommen kulturelle Orientierungen und eine Selbststilisierung, wie sie für die von Schulze[24] sogenannten Harmonie- oder Integrationsmilieus typisch sind. Die Vermutung scheint nicht abwegig, dass die SVP auch in dieser Hinsicht grosse Teile des ehemaligen katholischen Milieus beerbt – und dass die forcierte Thematisierung zugewanderter Religion Element einer darauf zielenden Strategie ist. Das entspricht wiederum durchaus der oben skizzierten Umstellung der Religion auf Differenz und deren Darstellung durch Lebensstil.

Wenn beide Entwicklungen – jene zur Lebensstilreligion und jene zur Lebensstilpolitik – korrekt diagnostiziert sind, dann könnte sich Religion als ein Element einer umfassenden Lebensstilpolitik etablieren. Eine der Folgen solcher Politik ist, dass sie relativ kurzfristig und unberechenbar Auseinandersetzungen gegen andere Milieus – jene da oben, jene da drüben oder jene da draussen – produziert. Eine andere, dass die Auseinandersetzung von beiden Seiten sehr schnell personalisiert wird: Es geht ums Ganze und um das, was nach beiderseitiger Einschätzung den Kern der Person ausmacht. Dass Religion in der Politik immer wieder mit der

---

23 Vgl. dazu die Resultate der VOX-Analysen, die seit 1977 vom GFS-Forschungsinstitut im Nachgang zu eidgenössischen Abstimmungen publiziert werden.

24 SCHULZE, a. a. O. (Anm. 47); zu den Stilmerkmalen religiöser Milieus vgl. auch Wolfgang VÖGELE/Helmut BREMER/Michael VESTER, *Soziale Milieus und Kirche*, Würzburg 2001, sowie Peter VOLL, *Religion, Integration und Individualität. Studien zur Religion in der Schweiz*, Würzburg 2006.

Verunglimpfung des Gegners einhergeht, davon zeugen schon die Heftigkeit und Derbheit der Auseinandersetzungen im Kulturkampf des 19. Jahrhunderts. Ein anderes Beispiel liess sich anlässlich der Präsidentschaftswahlen 2008 in den USA verfolgen. Sarah Palin wurde zur Vizepräsidentschaftskandidatin nicht nur wegen ihrer Positionen in den Fragen, die der religiösen Rechten wichtig waren, sondern weil sie diese religiöse Rechte auch ideal verkörperte: Gläubig, jung, smart und mit hohen Familienidealen. Genau damit zog sie aber auch die Aversionen der Anhänger ihres Gegners auf sich. Es liess nicht lange auf sich warten, bis ein Video zirkulierte, das sie angeblich bei einer Dämonenaustreibung zeigte – und eine Montage, die sie mit Vampirzähnen darstellte, wurde sogar auf den Websites schweizerischer Zeitungen nicht ohne Häme publiziert.

3.3 Politik in der Religion

Welche Rückwirkungen haben derartige Politisierungen der Religion – in beiden Richtungen – innerhalb der Religion bzw. auf die Religionsgemeinschaften?

Um nochmals einen Blick zurück auf den Katholizismus des 19. Jahrhunderts zu werfen, so wurde dieser durch die Versuche, ihn religionsregulatorisch ins Abseits zu drängen, zunächst einmal gestärkt. Er begab sich, mit den Worten Urs Altermatts, ins «Ghetto» einer katholischen «Sondergesellschaft», schottete seine Mitglieder in ihren Alltagskontakten soweit als möglich von der nichtkatholischen Umwelt ab und erreichte dadurch eine Geschlossenheit in den «Überzeugungen und Praktiken» wie historisch kaum je zuvor. Mit dem Gang ins Ghetto war jedoch eine zweite Entwicklung verbunden, die für die langfristige Integration bedeutsam war: Es entstand eine wirtschaftliche und vor allem politische *Elite* innerhalb des Katholizismus, die einerseits kein Interesse daran haben konnte, im Ghetto zu verbleiben, andererseits aber nur dank diesem Ghetto bzw. dank seinen Stimmen und dem politischen Druck, den es erzeugte, Elite sein konnte. Sie musste also den Konflikt als solchen am Leben erhalten, ihn aber gleichzeitig auch moderieren und dazu beitragen, dass er unter Kontrolle blieb.

Ähnliche Erscheinungen lassen sich zurzeit bei der religiösen Gruppe beobachten, die am meisten im Fokus der Öffentlichkeit steht, d. h. den Muslimen. Im Blick auf die Muslime in der Schweiz, gegenwärtig weniger als 5% der Schweizer Bevölkerung, gilt es als erstes einmal festzuhalten, dass sie – vielleicht – eine Religionsgemeinschaft im Werden sind. Ein gemeinsamer struktureller Bezugspunkt wie beim Katholizismus ist traditionell nicht vorhanden und auch nicht auszumachen. Unter dem politisch erzeugten oder vermittelten Druck scheinen sich gegenwärtig aber Ansätze dazu zu bilden. Eine der ersten öffentlichen Manifestationen war wohl die Demonstration, die im Februar 2006 auf dem Bundesplatz in Bern stattfand. Gleichzeitig bilden sich auch nicht-klerikale Eliten, die als Fürsprecher und Brückenbauer agieren, sich z. T. aber auch einfach aufgrund ihrer Herkunft und der daran geknüpften Vorteile im Umgang mit der Umwelt empfehlen, wie etwa der durch Konversion zum Islam gekommene Organisator und Sprecher der erwähnten Demonstration. Der Konflikt erweist sich auch hier als Katalysator der Vergemeinschaftung. Für den weiteren Verlauf dürfte es zentral sein, wie sich diese neuen Eliten in ihrem Verhältnis zu den geistlichen Eliten entwickeln und ob sie in ihrer Funktion gegen aussen Erfolge erzielen, die innen als Leistungsausweis anerkannt werden können.

4. Zusammenfassende Thesen

Zusammenfassend und mit der für Zusammenfassungen üblichen thetischen Zuspitzung lässt sich also festhalten:

Religiöse Pluralität, verstanden als das gleichzeitige Vorkommen von Glaubensgemeinschaften, die sich gegenseitig als religiöse Gemeinschaften wahrnehmen, führt nicht – oder jedenfalls nicht zwingend – zu einer Relativierung des jeweils eigenen Glaubens bzw. Wissens und von daher zu einem Bedeutungsverlust der Religion. Pluralität kann im Gegenteil zu einer gesteigerten Prominenz der je besonderen Religion für das Selbstverständnis ihrer Mitglieder führen. Religion wird dann zu einem Charakteristikum, das offensiv gezeigt und vertreten wird. Darin verbindet sie sich mit (andern) Lebensstilelementen.

In dieser Eigenschaft macht Religion weder *Gesellschaft* noch *Staat,* wohl aber lässt sich *mit* der Religion Politik machen:

1. Zunächst einmal bieten sich Religionsgemeinschaften dafür an, weil sie im Quervergleich hoch organisierte und interaktiv dicht konstruierte Gebilde sind. Dies erlaubt es ihnen, schnell zu mobilisieren – auch für nicht im engen Sinne religiöse Themen.

2. Historisch gesehen haben sich religiöse Themen in der Politik oft mit säkularen vermischt. Das hängt nicht nur mit der Organisationsmacht der Religion zusammen, sondern auch mit der Eignung der Religion zur Deutung von Alltagserfahrungen aus dem Geist der Religion. Dabei kommt es zu einer Verbindung materieller mit identitären und/oder nationalen Interessen; Beispiele dafür sind die katholisch sondergesellschaftliche Organisation in der Schweiz, der polnische Nationalkatholizismus und ethnische Kirchen in den USA, ebenso Zweige des europäischen Islam.

3. Religionen können aber auch offensiv versuchen, ihre Verhaltensregeln allgemeinverbindlich zu machen bzw. in ihrer Allgemeinverbindlichkeit zu erhalten. Besonders geeignet dafür sind Themen, die mit dem spezifischen

religiösen Lebensstil verbunden sind – religiöse Politik wird dann zur Lebensstilpolitik, die von allen Seiten mit der Schärfe geführt wird, die Identitätskonflikten eigen ist. Beispiele dafür sind v. a. Abtreibung und Familienthemen im Allgemeinen. Andere Themen wie etwa die Migrations- oder Sozialpolitik sind diesbezüglich weniger explosiv, weil – und soweit – sie sich nicht auf Elemente des religiösen Lebensstils beziehen. Typischerweise gelingt es hier den klerikalen Eliten denn auch weit weniger, Gefolgschaft zu finden.

4. Religion kann nicht nur von innen politisiert werden, sondern auch von aussen. Unter den Bedingungen einer rechtsstaatlich verfassten Demokratie zielen derartige Versuche auf die staatliche Regulierung jeder oder auch nur einer bestimmten Religion. Ein Beispiel für den zweiten Fall ist die Minarettverbotsinitiative, die die bauliche Symbolisierung einer bestimmten religiösen Tradition zu verhindern trachtet.

Aber auch dann, wenn sie formell die Gleichbehandlung aller Religion anvisieren, sind derartige Regelungen nicht neutral, insofern sie eine Definition von Religion voraussetzen bzw. vornehmen (und dabei z. B. zwischen «Kirchen», «Kulten» und «wissenschaftlichen Wahrheiten» unterscheiden). Ausserdem treffen staatliche Begrenzungen der Art und Reichweite erlaubter Manifestationen von Religion (Schächt- und Verschleierungsverbote, Obligatorium des Schwimmunterrichts, Bestattungsordnungen) einzelne Religionen bzw. Religionsgemeinschaften unterschiedlich. Staatliche Regulierung oder der Versuch, eine solche herbeizuführen, wird deshalb immer auch riskieren, als Diskriminierung erfahren und zum Anlass für eine Verschärfung des Religionskonflikts zu werden.

In jeder Hinsicht gilt, dass der Anspruch auf Höchstrelevanz und Letztbegründung sowie die Nähe zu Identitätsfragen Emotionen auf beiden Seiten mobilisieren und damit dem politischen Konflikt eine gewisse Schärfe geben. Ebenso gilt in jeder Hinsicht, dass Religionsgemeinschaften für derartige Auseinandersetzungen relativ gut gerüstet sind: Sie verfügen über einen organisatorischen Unterbau, ein dichtes soziales Netz und über Mitglieder mit hohem Commitment. Letzteres wird im Allgemeinen durch Konflikte eher gestärkt als geschwächt – deswegen kann es für Religionsgemeinschaften durchaus nützlich sein, Gegenstand politischer Auseinandersetzungen zu sein.

Diese Darstellung und besonders der letzte Punkt sollten allerdings nicht dazu verführen, Religionsgemeinschaften als homogene Gebilde zu sehen. Für die meisten von ihnen ist insbesondere die Existenz einer geistlichen Elite kennzeichnend, die weder personell noch in ihren Interessen zwingend mit der ebenfalls gruppeninternen säkularen Elite übereinstimmen muss. Für der Verlauf politischer Konflikte und die Art, in der diese ausgetragen werden, dürfte entscheidend sein, wie diese Eliten sich zueinander verhalten und ob für mindestens eine von ihnen die Einbindung in politische und institutionelle Zusammenhänge der sozialen Umwelt eine zugleich lohnende und realistische Perspektive ist.

Taugt religiöse «Toleranz» als bioethisches Prinzip?

Biopolitik in pluralistischen Gesellschaften

Frank Mathwig

> *«Wir sind alle Häretiker»*[1]
> Uwe Justus Wenzel

1. Einleitung

Die Frage in der Überschrift erlaubt zwei Lesarten: Einerseits kann sie als Auseinandersetzung mit der These verstanden werden, bioethische Prinzipien seien neutral oder indifferent gegenüber religiösen und weltanschaulichen Haltungen. Andererseits kann sie sich umgekehrt auf die Forderung beziehen, bioethische Grundsätze dürfen unterschiedlichen – auch sich widerstreitenden – religiösen Überzeugungen nicht widersprechen. Die erste Lesart lässt sich unter der Überschrift «Biopolitik in säkularen, religionsneutralen Rechtsstaaten» subsumieren, die zweite Variante unter der Überschrift «Glaubens- und Gewissensfreiheit bei (Grundsatz-) Entscheidungen über das Leben». Beide Fragestellungen bestehen weder unabhängig voneinander, noch bilden sie zwangsläufig Gegensätze. Sie haben aber einen unterschiedlichen Fokus: Im ersten Fall geht es um die Übertragung des (verfassungs-) rechtlichen Neutralitätsprinzips auf den Bereich der Bio*politik*, im zweiten Fall um die Anerkennung und Integration *religiöser* Aspekte und Forderungen in bioethischen Urteils- und Entscheidungsprozessen.

Im Rahmen der Ausgangsfrage nach den Verhältnis von Religion und Politik im Kontext bioethischer Fragestellungen möchte ich in vier Schritten die m. E. wesentliche Herausforderung skizzieren: Ich beginne mit der Differenzierung zwischen der These von der weltanschaulichen bzw. religiösen und derjenigen von der ethischen Neutralität des liberalen Rechtsstaates (2.). Dann werde ich kurz auf die Unterscheidung von Bio*ethik* und Bio*politik* eingehen (3.), um anschliessend eine These zur Rolle des Staates in bioethischen und biopolitischen Kontro-

---

[1] Uwe Justus Wenzel, *Wir sind alle Häretiker*, in: Ders. (Hg.), *Was ist eine gute Religion?* Zwanzig Antworten, München 2007, 122–126.

versen vorzustellen (4.). Den Abschluss bilden einige Überlegungen zur Bedeutung und Rolle religiöser Überzeugungen im Kontext bioethischer Kontroversen und ihrer politischen Regelung (5.).

2. Biopolitik im modernen Rechtsstaat: Zur liberalen Neutralitätsthese des Staates

Die beiden eingangs erwähnten Perspektiven – religiöse Indifferenz des Staates und praktische Integration religiöser Überzeugungen – bilden auf den ersten Blick ein tragendes Konstrukt liberaler Rechtsstaaten: Neutralität auf der politisch-rechtlichen Makroebene erlaubt individuelle (auch religiöse) Gewissensbindung in konkreten Handlungskontexten. Dieses *formale* Prinzip wirkt auf den ersten Blick plausibel, und träfe es so einfach zu, würden sich alle weiteren Fragen erübrigen. Begründungstheoretisch kann die Gleichung an die Idee des «Überlegungsgleichgewichts» (*overlapping consensus*) anschliessen, die John Rawls im Rahmen seiner Gerechtigkeitstheorie entwickelt hat.[2] Der Verweis auf den amerikanischen Philosophen ist aufschlussreich, weil er seine Konzeption des politischen Liberalismus in den Kontext der politischen Herausforderungen rückt, die mit dem Aufkommen konkurrierender Konfessionen in der Reformationszeit entstanden:

«Das Neue an diesem Zusammenstoss ist, dass in ihm in den Vorstellungen, die die Menschen sich von ihrem Wohl machen, ein transzendentes Element auftritt, das keinen Kompromiss zulässt. Dieses Element zwingt uns entweder zum tödlichen Konflikt, der nur durch die jeweiligen Umstände und durch die eintretende Erschöpfung entschärft wird, oder zur Gewissens- und Gedankenfreiheit für alle. Eine vernünftige politische Gerechtigkeitskonzeption auf der Grundlage dieser Freiheiten setzt voraus, dass sie fest verankert sind und öffentlich anerkannt werden.»[3]

Damit stellt sich für Rawls die Frage:
«Wie kann eine stabile und gerechte Gesellschaft freier und gleicher Bürger, die durch vernünftige und gleichwohl konträre religiöse, philosophische

---

2   Vgl. John Rawls, *Eine Theorie der Gerechtigkeit*, Frankfurt a. M. 1979, 68–71 et passim; Norman Daniels, *Justice and Justification – Reflective Equilibrium in Theory and Practice*, Cambridge/Mass. 1996; zur theologischen Auseinandersetzung vgl. Johannes Fischer, *Sittliche Intuitionen und reflektives Gleichgewicht*, in: ZEE 44/2000, 247–268; Stefan Grotefeld, *Religiöse Überzeugungen im liberalen Staat. Protestantische Ethik und die Anforderungen öffentlicher Vernunft*, Stuttgart 2006; Thomas M. Schmidt, *Glaubensüberzeugungen und säkulare Gründe. Zur Legitimation religiöser Argumente in einer pluralistischen Gesellschaft*, ZEE 45/2001, 28–261.

3   John Rawls, *Politischer Liberalismus*, Frankfurt a. M. 2003, 23.

und moralische Lehren einschneidend voneinander getrennt sind, dauerhaft bestehen?»[4]

Die Frage scheint die aktuellen Herausforderungen pluralistischer und multireligiöser Gesellschaften exakt auf den Punkt zu bringen. Die Antwort des politischen Philosophen darauf lautet nun, dass die Ausübung von politischer Macht nur dann gerechtfertigt werden könne, «wenn sie in Übereinstimmung mit einer Verfassung geschieht, von der wir vernünftigerweise erwarten können, dass alle Bürger sie im Lichte der von ihnen bejahten Grundsätze und Ideale anerkennen.»[5]

Es geht also um die politische Legitimität des Staates und seiner Gesetze. Und das politische Legitimationsverfahren besteht in der – aufklärerischen – Selbstverpflichtung der Bürgerinnen und Bürger auf einen (reziproken) Massstab verallgemeinerungsfähiger Rationalität, d. h. die moralische Pflicht, «in der Lage zu sein, anderen zu erklären, inwiefern die von uns in grundlegenden Fragen vertretenen politischen Grundsätze und politischen Vorhaben von politischen Werten der öffentlichen Vernunft getragen werden»[6].

Nach Rawls setzt eine solche partikulare Selbstbeschränkung zugunsten einer «öffentlichen Vernunft» voraus, «dass wir uns weder auf umfassende religiöse oder philosophische Lehren berufen dürfen [...], wenn wir über wesentliche Verfassungsinhalte oder Fragen grundlegender Gerechtigkeit diskutieren, noch auf elaborierte ökonomische Theorien [...], wenn diese umstritten sind»[7].

Die hier vorgenommene Trennung zwischen universalisierbaren, rationalen Gründen und partikuar-perspektivischen Überzeugungen konstruiert einen gemeinsamen gesellschaftlichen Nenner, der bewusst auf alles verzichtet, was keine Aussicht auf allgemeine Zustimmung hat. Das positive Anliegen dieses Grundsatzes besteht darin, niemanden auf partikulare Meinungen und Haltungen anderer zu verpflichten. Umgekehrt stellt sich aber die Frage, welche normativen Orientierungen dann überhaupt noch als brauchbare Kandidatinnen

---

4 A. a. O., 22f. Und der Autor präzisiert: «Welches sind die fairen Bedingungen sozialer Kooperation unter Bürgern, die als freie und gleiche charakterisiert werden und die gleichwohl durch tiefgehende doktrinale Konflikte gespalten sind? Wie müssen Struktur und Inhalt der dafür erforderlichen politischen Konzeption beschaffen sein, falls es eine solche Konzeption überhaupt gibt?» (Ebd.).

5 A. a. O., 317.

6 Ebd.

7 A. a. O., 326. Das liberale Legitimitätsprinzip fordert also eine freiwillige – weil moralische – *Selbstbeschränkung* aller Bürger und, wie hinzugefügt werden muss, nicht um der Freiheit aller Willen, wie beim kantischen Rechtsbegriff, sondern um der Organisation der politischen Ordnung (Gesetze erlassen, Verfassungsänderungen vornehmen, Fragen grundlegender Gerechtigkeit) willen.

in Frage kämen. Zudem büsst die Rawlssche *Selbstbeschränkungsmoral* unter der Voraussetzung, dass mit «Pluralismus» nicht nur eine beschreibende Kategorie, sondern auch eine normative Forderung bezeichnet wird, viel von ihrer Plausibilität ein. Die Politik kümmert sich freilich wenig um solche grundsätzlichen Fragen. Sie löst das Problem in der Regel technisch auf, indem sie sich darauf zurückzieht, Stimmen zu zählen.

Eine solche verfahrenstheoretische Rückzugsposition ist in doppelter Hinsicht problematisch. Einerseits muss sie sich auf die Rahmenbedingungen des Rechts stützen, die aber selbst weder unabhängig von der politischen Meinungsbildung und Entscheidungsfindung bestehen, noch sich gegenüber ethischen Prinzipien und moralischen Grundkonsensen in der Gesellschaft neutral verhalten.[8] Andererseits zeigen die gesellschaftspolitischen Kontroversen[9] etwa um die rechtliche Regelung von Schwangerschaftsabbruch, Stammzellenforschung, Präimplantationsdiagnostik, Gentechnologie, Forschung am Menschen, Sterbe- und Suizidbeihilfe, dass hier Fragen aufgeworfen werden, die in existenzieller Weise das Personsein und Selbstverständnis der beteiligten Personen betreffen und bei denen jede pragmatisch-demokratische Mehrheitsarithmetik an ihre unwiderruflichen Grenzen stösst.

Insofern bilden bioethische Debatten geradezu ein Paradebeispiel, an dem die ganze Brisanz des Tagungsthemas aufbricht. Die politische Antwort auf die Frage, ob mit Religion ein Staat zu machen sei, lautet: «Im Prinzip ja, sofern sich Religion nicht (in unzulässiger Weise) einmischt.» Die Religionsgemeinschaften pflichten grundsätzlich bei – «Im Prinzip ja, sofern der Staat von niemandem eine bestimmte moralische Haltung verbindlich einfordert» – um dann, weniger stimmenreich aber dafür umso vehementer, fortzufahren: «solange der Staat

---

8   Vgl. in diesem Zusammenhang die Überlegungen von Seyla Benhabib zu «demokratischer Iteration» und «jurisgenerativen Prozessen» in: Seyla BENHABIB, *Kosmopolitismus und Demokratie. Eine Debatte*. Mit Jeremy Waldron, Bonnie Honig und Will Kymlicka, Frankfurt a. M./New York 2008, bes. 45–48. Die politische Philosophie bezieht sich dabei auf das genetische Rechtsmodell von Robert COVER, *Nomos and Narratives*, in: Harvard Law Review 97/1983, Nr. 1, 4–68.

9   Die von dem Zürcher Ethiker Johannes FISCHER, *Zur Aufgabe der Ethik in der Debatte um den assistierten Suizid. Wider ein zweifaches Missverständnis*, in: Christoph REHMANN-SUTTER et al. (Hg.), *Beihilfe zum Suizid in der Schweiz. Beiträge aus Ethik, Recht und Medizin*, Bern 2006, 203–216, hier 204f., diagnostizierte «Verwüstung durch Moral» in der Suizidhilfediskussion kann als Indiz für die Schwere – und manchmal wohl auch Unerträglichkeit – der Zumutungen gelesen werden. Damit die Nuance nicht entgeht: Fischer spricht nicht von einer «Auflösung» oder «Verrohung *der* Moral» – dem bekannten Standardvorwurf aus bestimmten konservativen und religiösen Kreisen –, sondern von der «Verwüstung *durch* Moral» – die durch Polemiken von allen Seiten betrieben wird.

nicht Handlungsmöglichkeiten eröffnet, die mit bestimmten (religiösen) Überzeugungen schlechterdings unvereinbar erscheinen.»[10]

Was beide Seiten übersehen – weil sie es implizit bereits voraussetzen (müssen) –, sind die normativen Implikationen, die mit dem gemeinsamen Bezugspunkt «Staat» immer schon gesetzt sind. Nur unter diesen Prämissen macht es überhaupt Sinn, die Frage nach der Bedeutung und dem Gewicht religiöser Überzeugungen im Staat zu stellen, läuft das Thema doch im Kern auf die umgekehrte Frage nach der *berechtigten Begrenzung der Reichweite* (partikularer) religiös-moralischer Forderungen bei der Gestaltung der (politisch-rechtlichen) Rahmenbedingungen von Gesellschaft hinaus. Solche Zumutungen verlangen Gründe, die gerade auf die Anerkennung derjenigen angewiesen sind, die zum Verzicht auf die Durchsetzung ihrer Forderungen genötigt werden bzw. deren politische Zielsetzungen in Abstimmungen unterlegen sind. Ich belasse es bei dieser Problembeschreibung und werde im letzten Abschnitt darauf zurückkommen.

3. Bioethik und Biopolitik: Die politische Dimension von Bioethik

Die Bioethik befasst sich – gemäss der *Verordnung über die nationale Ethikkommission im Bereich der Humanmedizin (VNEK)* des Bundesrates vom 4. Dezember 2004 – «aus ethischer Sicht» mit den «gesellschaftlichen, naturwissenschaftlichen und rechtlichen Fragen» zu den «Wissenschaften über die Gesundheit und Krankheit des Menschen und ihrer Anwendungen».[11] Die Begriffsbestimmung benennt den Gegenstandsbereich (die wissenschaftlichen Theorien, Methoden und Praktiken im Umgang mit Gesundheit und Krankheit), die Reflexionsperspektiven (Gesellschaft, Naturwissenschaften, Recht) sowie das Reflexionsverfahren (Ethik). Bioethische Fragen beschränken sich nicht auf (interne) bio-

---

10 Vgl. dazu den kurzen Kommentar von Uwe Justus WENZEL, *Wozu Religion gut und wofür Theologie da ist.* Ein Basler Symposion zur Bioethik, in: Neue Zürcher Zeitung, *Über die interdisziplinäre Veranstaltung GenEthik und Religion.* Zum öffentlichen Dialog über Humane Gentechnologie und Bioethik im Spiegel der Religionen vom 22./23. Mai 2008 in Basel, 26. Mai 2008: «Von jüdischer, christlicher, islamischer und buddhistischer Warte aus lässt sich zur medizinischen, zur bio- und auch zur gentechnischen ‹Lebensverbesserung› grundsätzlich Ja sagen. Es lässt sich freilich ebenso Nein sagen – wenngleich dies selten in gleicher prinzipieller Manier, häufiger in ‹Detailfragen› geschieht.»

11 Mit Silke SCHICKTANZ, *Die kulturelle Vielfalt der Bioethik-Debatte*, in: DIES./Christof TANNERT/ Peter M. WIEDEMANN (Hg.), *Kulturelle Aspekte der Biomedizin.* Bioethik, Religionen und Alltagsperspektiven, Frankfurt a. M. 2003, 264f., können drei Ebenen der Bioethik unterschieden werden: Bioethik als akademische Disziplin, als Gesamtprozess der Steuerung von Biotechnologien und als öffentlicher Diskurs.

wissenschaftliche oder medizinische Fachdiskurse, sondern haben eine wesentlich gesellschaftliche und politische Dimension. Die weltweit vernetzte *scientific community* mit tendenziell «globalisierten» Ausbildungs-Curricula, einem regen Forschungsaustausch, internationalen Kooperationen und einem riesigen Angebot bio- oder medizintechnologischer Spitzenleistungen an fast jeder Ecke dieser Welt – freilich gegen harte Währung – kennt keinen «Kulturkampf», wie er der Biopolitik angesichts der Debatten um Gentechnologie, Präimplantationsdiagnostik und Stammzellenforschung attestiert wird.[12]

Aus der Perspektive des Staates rücken Medizin und Biowissenschaften aus bio*politischer* und nicht bio*ethischer* Perspektive in den Blick. Allerdings wird das Modewort Biopolitik sehr heterogen verwandt. Ich verstehe darunter weder rassistische bzw. biologistische Politikmodelle oder ökologische und technikzentrierte Konzepte noch Michel Foucaults These von der «Geburt der Biopolitik» im liberalen Staat.[13] Vielmehr reserviere ich den Ausdruck für jene medizin- und bioethischen Fragestellungen, die gesellschaftliche Relevanz haben, insofern sie Gegenstand öffentlicher Debatten und Gegenstand politischer oder rechtlicher Regelungen werden.

Die in den letzten Jahrzehnten geführten bioethischen Debatten zeichnen sich durch eine bemerkenswerte *politische Unterbestimmung* aus. Dagegen steht der emanzipatorische Anspruch aus der Anfangszeit der Bioethik in den 1970er Jahren in den USA, den die aufstrebende Disziplin von den damaligen Bürgerrechtsbewegungen übernommen hatte.[14] Dieser gesellschaftspolitische Fokus rückte allerdings vor dem Hintergrund der rasanten biotechnologischen Entwicklungen mit ihren sich ausdifferenzierenden Bereichen und den daran anschliessenden ethischen Theoriediskussionen zunehmend in den Hintergrund. Die im engeren Sinne bioethischen Diskussionen zu Medizin- und Biotechnologien koppelten sich von den gesellschafspolitischen Debatten um Fragen der Verteilungsgerechtigkeit immer mehr ab.[15] Der häufig und nicht zu Unrecht

---

12 Vgl. Christian GEYER, *Vorwort*, in: DERS. (Hg.), *Biopolitik. Die Positionen*, Frankfurt a. M. 2001, 9–19.

13 Vgl. Michel FOUCAULT, *Geschichte der Gouvernmentalität II. Die Geburt der Biopolitik*, Frankfurt a. M. 2004; zum Begriff der Biopolitik insgesamt vgl. Thomas LEMKE, *Biopolitik zur Einführung*, Hamburg 2007, sowie DERS., *Eine Analytik der Biopolitik*. Überlegungen zu Geschichte und Gegenwart eines umstrittenen Begriffs, in: BEHEMOTH. *A Journal on Civilisation*, 2008, 1, 72–89.

14 Vgl. dazu Markus ZIMMERMANN-ACKLIN, *Perspektiven biomedizinischer Ethik*. Eine Standortbestimmung aus theologisch-ethischer Sicht, Folia Bioethica 26, Genf 2000, 9ff., sowie die dort angegebene Literatur.

15 Damit folgen die Medizin- und Bioethik Entwicklungen gesellschaftlicher Ausdifferenzierung, die in der Konsequenz das ursprüngliche Vermittlungsanliegen (vgl. programmatisch und in

geäusserte Vorwurf, Bioethik fungiere mehr oder weniger als Legitimationsinstanz für bestimmte wissenschaftliche, technologische und ökonomische Interessen, greift diese Ausdifferenzierungsprozesse aus gesellschaftskritischer Perspektive auf. Die *politische Unterbestimmung* bioethischer Debatten besteht in der fehlenden, mangelnden, unterlassenen oder unterbundenen Rekonstruktion medizin- und biotechnologischer Sachfragen auf der Ebene gesellschaftspolitischer Urteilsbildung und Entscheidungsfindung. Daraus resultieren – wie der Philosoph und Bioethiker Walter Schweidler konstatiert – zahllose «Inkonsistenzen, Widersprüche, dilatorische […] Kompromisse und offene […] Interpretationsdissense»: zum Beispiel das Rechtskonstrukt der «Widerrechtlichkeit bei Straflosigkeit der Abtreibung», die absurd anmutende «europäische Förderung national verbotener Forschung» oder die kaum vernünftig nachvollziehbare «Auseinandersetzung um den Stichtag, von dem her sich die Grenze zwischen zur Forschung frei gegebenen und nicht freigegebenen Stammzellen schreibt».[16]

Die gesellschaftliche Etablierung bioethischer Fachdiskurse nötigt allerdings zu einer Transformation der ursprünglichen Fragestellungen, die als kategorischer Perspektivenwechsel beschrieben werden kann: Denn bei allen wissenschafts- und technologiespezifischen Detailfragen, was warum und zu welchem Zweck getan oder unterlassen werden sollte, stellt sich aus gesellschaftlicher Perspektive die grundsätzliche Frage, was all diese technologischen und Handlungsoptionen für jede und jeden Einzelnen sowie die Gemeinschaft als Referenzpunkte staatlicher Politik bedeuten. Über Fragen, wann einem Menschen Personenstatus zukommt und wann noch nicht oder nicht mehr, ob und inwiefern Menschenwürde ein Massstab bioethischer Reflexion ist oder welche Zwecksetzungen Ziel biotechnologischer Manipulationen werden sollten oder nicht, können Wissenschaften und Gesellschaft *beliebig* diskutieren und streiten – nicht aber der Rechtsstaat. Aus der Tatsache, dass – wie SAMW und FMH bemerken – «[v]iele neue Entwicklungen der Medizin […] vom Gesetzgeber weitgehend ignoriert» wurden und daher die SAMW-Richtlinien – «trotz ihrer fehlenden staatlichen Legitimation» – «während langer Zeit die einzige Orientierungshilfe für den Arzt und die Ärztin» waren,[17] darf nicht auf die Unabhängigkeit der Bioethik vom Staat geschlossen

---

globaler Perspektive: Van Rensselaer POTTER, *Bioethics*. Bridge to the Future, Engelewood Cliffs 1971) von Bioethik in manchen Zusammenhängen folgenschwer unterlaufen.

16 Walter SCHWEIDLER, *Biopolitik und Bioethik*. Über Menschenwürde als ethisches Prinzip des modernen Rechtsstaates, in: Information Philosophie 2/2008, 24.

17 SCHWEIZERISCHE AKADEMIE DER MEDIZINISCHEN WISSENSCHAFTEN/VERBINDUNG DER SCHWEIZER ÄRZTINNEN UND ÄRZTE (Hg.), *Rechtliche Grundlagen im medizinischen Alltag*. Ein Leitfaden für die Praxis, Basel/Muttenz 2008, 11. Allerdings weisen SAMW und FMH auf eine politische Trendwende hin: «Erst in den letzten Jahren hat der Gesetzgeber eine aktive Rolle eingenom-

werden. Die konstitutive Beziehung zeigt sich allein darin, dass die Anerkennung und der Schutz von Menschenwürde und Persönlichkeitsrechten zwar auf der Basis von Standesregeln und Ethikkodizes gefordert, nicht aber hergestellt und gesichert werden können. Letzteres gehört zu den wesentlichen Aufgaben staatlicher Politik und Gesetzgebung.

4. Zu ethischen Implikationen rechtsstaatlicher Politik

In den vorangegangenen Abschnitten kamen zwei Typen von Normensetzungen zur Sprache: einerseits religiöse Überzeugungen, die in bioethischen Diskussionen als moralische Forderungen relevant werden, und andererseits ethische Prinzipien, die der moderne Rechtsstaat seinem eigenen Handeln zugrunde legt und denen er seine Legitimität verdankt (Menschenwürde, Persönlichkeitsschutz und Freiheitsrechte). Dabei habe ich zumindest implizit zwei Thesen unterstellt: erstens die These von der *religiösen und weltanschaulichen Neutralität* des Staates und zweitens die These von seiner vorrangigen Verpflichtung auf den Schutz von Würde und Freiheit einer jeden Person. Es geht m. a. W. um die *Differenz zwischen weltanschaulicher und religiöser Neutralität* einerseits *und ethischer Gebundenheit des Staates* andererseits, die Jürgen Habermas in seiner wichtigen Erörterung über die «Zukunft der menschlichen Natur» herausgearbeitet hat.[18] Die These des Frankfurter Sozialphilosophen zum Status von Embryonen, dass «eindeutige Bestimmungen» nur «auf der Grundlage einer weltanschaulich imprägnierten Beschreibung von Tatbeständen» möglich seien, «die in pluralistischen Gesellschaften *vernünftigerweise umstritten bleiben*», kann unschwer auf andere Bereiche der Bioethik übertragen werden. Deshalb plädiert Habermas für eine Unterscheidung zwischen demjenigen, was eine Person oder eine Gemeinschaft als «gut für mich» bzw. «gut für uns» betrachtet, und «weltanschaulich neutrale[n] Aussagen über das, was gleichermassen gut ist für jeden». Nur Letztere «können den Anspruch stellen, für alle aus guten Gründen akzeptabel zu sein»[19].

Das klingt für ethisch vertraute Ohren nach dem in die Jahre gekommenen Streit zwischen Liberalisten und Kommunitaristen um den Vorrang des Gerechten

---

men und ist seiner Aufgabe wieder nachgekommen, für Rechtssicherheit zu sorgen [...] Mit der Ausarbeitung solcher Gesetze ist meist eine breite Diskussion verbunden, die gleichzeitig das Bewusstsein in der Öffentlichkeit für diese heiklen Themen stärkt und dazu beiträgt, besser legitimierte Regelungen hervorzubringen.» (A. a. O., 12).

18 Vgl. Jürgen HABERMAS, *Die Zukunft der menschlichen Natur. Auf dem Weg zu einer liberalen Eugenik?*, Frankfurt a. M. 2001. Im Folgenden beziehe ich mich ausserdem auf den Text von SCHWEIDLER, a. a. O. (Anm. 16).

19 HABERMAS, a. a. O., 60f.

vor dem Guten oder umgekehrt bzw. dem anfangs erwähnten politischen Liberalismus Rawlsscher Prägung. Aber Habermas will auf eine andere Differenz hinaus, wenn er feststellt, dass auch der an Kant geschulte Rechtsgrundsatz von wechselseitiger Anerkennung vernuftgeleiteter, autonomer Subjekte «nicht den Blick dafür verstellen [darf], dass die abstrakte Vernunftmoral der Menschenrechtssubjekte selbst wiederum in einem vorgängigen, von allen *moralischen Personen* geteilten *ethischen Selbstverständnis der Gattung* ihren Halt findet»[20]. Im Kern geht es Habermas bei seiner Differenzthese um die «Selbstbehauptung eines gattungsethischen Selbstverständnisses», «von dem es abhängt, ob wir uns auch weiterhin […] gegenseitig als autonom handelnde Personen erkennen können»[21]. Habermas' Begründung der weltanschaulichen Neutralität des Staates ist also selbst eine ethische. Sich wechselseitig als autonome Wesen zu erkennen, heisst nichts anderes, als sich gegenseitig in einer menschenwürdigen Weise zu begegnen. Dieses Ziel einer «universalen Normativität» muss der Staat – wie Schweidler bemerkt – «als Quelle der von ihm errichteten und durchgesetzten Ordnung des Zusammenlebens in Anspruch nehmen […], wenn er nicht als rein dezisionistisches Machtprodukt auf einer Ebene mit Diktatur und Tyrannei stehen soll»[22].

Das klingt dramatisch – und so ist es auch, wie etwa das aktuelle Verfahren um die Schaffung eines Humanforschungsgesetzes und begleitenden Verfassungsartikels 118a BV zeigt. Die Pointe des ursprünglichen Verfassungs- und Gesetzesentwurfs bestand darin, die als konfligierend betrachteten Verfassungsziele des Persönlichkeitsschutzes und der Wissenschaftsfreiheit in – wie der Gesetzgeber bemerkt – «eine Balance zu bringen»[23]. Aus menschen- und verfassungsrechtlicher Perspektive erstaunlich ist der mit dieser Formulierung vollzogene Abschied von der bisher weitgehend geteilten Grundlegungsfunktion des Menschenwürde- und Persönlichkeitsschutz (Art. 7, 10 Abs. 2 BV) für die übrigen Verfassungsbestimmungen. Danach gilt etwa die Wissenschaftsfreiheit (Art. 20 BV) als Konkretion der fundamentalen Schutz- und Freiheitsrechte der Person. Dagegen konstruiert der Verfassungs- und Gesetzesentwurf des EDI ein symmetrisches Konkurrenzverhältnis. Begründet wird dieser Perspektivenwechsel mit Blockierungstendenzen der Humanforschung durch die derzeit geltenden rigiden oder aber unklaren Regelungen. Damit würden bestimmte Personengruppen, für die biotechnologische Forschung von grossem Nutzen wäre, systematisch benachteiligt. In seiner Begründung machte der Gesetzgeber Solidaritäts- und Fürsorgepflich-

---

20 A. a. O., 74.
21 A. a. O., 50.
22 Schweidler, a. a. O. (Anm. 16), 20.
23 Eid. Departement des Innern, *Bundesgesetz über die Forschung am Menschen (Humanforschungsgesetz, HFG)*. Erläuternder Bericht und Vorentwurf, Bern 2006, 12.

ten gegenüber bestimmten Betroffenengruppen geltend. Für den Gesetzgeber muss also eine Güterabwägung zwischen Menschenrechtsschutz einerseits und moralischen Verpflichtungen andererseits vorgenommen werden. Bei dieser symmetrischen Konstruktion des Konfliktes steht das Ergebnis natürlich von vornherein fest: eine – wie immer geartete – Relativierung des Menschenwürde- und Persönlichkeitsschutzes.

Indem sich der Staat hinter bestimmte Partikularinteressen stellt, setzt er seine eigene Legitimität als Rechtsstaat aufs Spiel. Denn seine Aufgabe besteht weder darin, konfligierende gesellschaftliche Interessenlagen dadurch aufzulösen, dass er sich auf eine Seite schlägt. Noch kann er moralische Konfliktlagen etwa im Hinblick darauf, was biotechnologisch erlaubt sein sollte und was nicht, dadurch entschärfen, dass er eine bestimmte moralische Haltung zur Grundlage seiner Gesetzgebung macht (Dezisionismus). Angesichts der tatsächlich äusserst kontroversen Positionen auf dem Feld der Bioethik besteht die Aufgabe des Staates vielmehr darin, jene fundamentalen ethischen Prinzipien auszuweisen, denen auch biotechnologische Forschung und Praktiken im Rechtsstaat genügen müssen. In diesem Zusammenhang kommt nach Walter Schweidler dem Würdebegriff eine «prohibitive Funktion» zu. Unsere Rechtsordnung ist an das Verbot gebunden, «andere Mitglieder des Rechtsverbandes daraufhin zu beurteilen, ob ihnen Würde zukomme oder nicht. Dieses *Definitionsverbot* ist die eigentliche Substanz des ethischen Selbstverständnisses des Rechtsstaates: er schützt seine Bürger ohne jede denkbare Ausnahme vor der Definitionsmacht, die ihnen das Menschsein abzusprechen ermöglichte.»[24]

Auch noch so wohlgemeinte moralische Ansprüche können den Staat nicht von dieser – in die Verfassung eingegangenen – ethischen Verpflichtung dispensieren. An dieser Stelle wird auch der Sinn der Selbstverpflichtung des Rechtsstaates auf religiöse und weltanschauliche Neutralität greifbar: Staatliche Ordnung im Sinne der Beschränkung individueller Freiheiten um der Freiheit aller Willen ist nur dann für alle aus guten Gründen akzeptabel, wenn sie die Freiheit jeder einzelnen Person im Blick hat. Dazu muss der Staat «die Bestimmung des Kreises, aus der sich ergibt, wer in diesem Sinne ‹jeder› ist und wer zu ‹allen› gehört, der Dezisionsmacht einzelner Kräfte oder noch so umfassender Teile des je existierenden Gesellschaftsverbandes entziehen. Dafür sind das Definitionsverbot und das mit ihm sachlich eng verknüpfte Verbot der Instrumentalisierung jedes menschlichen Lebens für fremdnützige Zwecke die ausschlaggebenden Elemente.»[25]

24 SCHWEIDLER, a. a. O. (Anm. 16), 22f.
25 A. a. O., 23.

Genau vor diesem Hintergrund wurden die EDI-Entwürfe zum Verfassungsartikel und Humanforschungsgesetz im Vernehmlassungsverfahren wegen ihrer Inkohärenz mit der Bundesverfassung, der Europäischen Menschenrechtskonvention (EMRK) sowie den nationalen und internationalen Regelungen der biomedizinischen Forschung kritisiert. Daraufhin hat der Gesetzgeber im inzwischen revidierten Entwurf des Verfassungsartikels seine relativistische Haltung korrigiert und die komparative Vorrangstellung des Menschenwürde- und Persönlichkeitsschutzes vor der Forschungsfreiheit festgestellt.

5. Biopolitik in pluralistischen Gesellschaften: Religiöser Perspektivismus und ethischer Universalismus

Was hat das alles nun mir dem vorgegebenen Thema zu tun? Die vorgestellten Thesen stehen im Dunstkreis des griechischen und jüdisch-christlichen Denkens, kantischer und europäischer Aufklärungsphilosophie. Damit setzen sich die Bemerkungen allen Moden (kultur-) relativistischer Kritik aus, die aus der jüngeren Menschenrechtsdiskussion hinlänglich bekannt sind. Wird es angesichts der kulturellen und religiösen Pluralisierung der westlichen Gesellschaften nicht vielmehr höchste Zeit, von den hohen europäischen Rössern griechisch-römischer Nachlassverwalter herunterzusteigen? Der katholische Theologe Hans Waldenfels stellt nicht zu Unrecht die Frage: «Waren wir Europäer nicht deshalb so lange von einem hohen Selbstbewusstsein geprägt, weil wir uns gar nicht mehr denken konnten, dass Fremde einmal von ihrem und nicht von unserem Standpunkt aus gesehen und beurteilt werden wollen?»[26]

Die weltweit bekanntesten bioethischen Prinzipien von Tom L. Beauchamp und James F. Childress[27] – «Respect for autonomy», «nonmaleficence», «beneficence» und «justice» – können ebenfalls ihre kontinentaleuropäische philosophische und religiöse Herkunft nicht verleugnen. Aus buddhistischer Perspektive sind die Prinzipien zu eng, weil sie sich nur auf den Menschen fokussieren und alle anderen Lebewesen – wenn überhaupt – nur am Rand in den Blick nehmen. Aus der Sicht einiger asiatischer Länder, die die Förderung der biotechnologischen Forschung als «letzte Phase einer Emanzipation von ‹dem Westen› betrachte[n]»[28],

---

26 Hans WALDENFELS, *Zur gebrochenen Identität des abendländischen Christentums*, in: Werner GEPHART/DERS. (Hg.), *Religion und Identität*. Im Horizont des Pluralismus, Frankfurt a. M. 1999, 105.

27 Vgl. Tom L. BEAUCHAMP/James F. CHILDRESS, *Principles of Biomedical Ethics*, New York ⁵2001.

28 Jens SCHLIETER, *Bioethik, Religion und Kultur aus komparativer Sicht*: Zur Bedeutung und Methodik einer neuen Fragestellung, in: polylog. Zeitschrift für interkulturelles Philosophieren 13/2005, *Biotechnologie in interkultureller Perspektive*.

erscheinen die westlichen Diskussionen um Menschenwürde dagegen gänzlich übertrieben. Im Islam schliesslich begegnen ähnliche Kontroversen, wie wir sie aus dem Christentum kennen. Gibt es angesichts dieser Vielfalt überhaupt – so kann mit dem Bioethiker Hans-Martin Sass gefragt werden – «eine Bioethik, die alle Menschen gleichermassen verpflichten kann und auf die alle gleichermassen vertrauen können?»[29]

Wohl eher nicht, muss die Antwort lauten, wie allein ein Blick auf die bioethischen Streitpunkte zwischen den christlichen Kirchen und Konfessionen zeigt.[30] Die Realisierung der von Sass angepeilten universalen Bioethik wird, wenn nicht an anderen Religionen, dann bis auf Weiteres an der Uneinigkeit der christlichen Konfessionen scheitern. Allerdings ist diese nicht ganz unrealistische Prognose nur die halbe Wahrheit. Die andere Hälfte – und das scheint mir die entscheidende – besteht in einem zumindest in den westlichen Ländern breiten Konsens der christlichen Kirchen über das Engagement für Menschenwürde und den Schutz der Freiheits- und Persönlichkeitsrechte. Bei allen Kontroversen in Einzelfragen steht das gemeinsame Bemühen darum, die Würde jeder und jedes Einzelnen unter sich ständig wandelnden gesellschaftlichen Bedingungen verlässlich zu schützen.

Natürlich wird auch die Frage der Würde, die einem Menschen zukommt, nicht in jeder kulturellen Tradition und Religion gleich beantwortet. An dieser Stelle werden kulturelle Eigenarten greifbar, aber genau hier führt der simple Rückzug auf einen «Kulturrelativismus» in die Irre. Denn bei aller notwendigen Sensibilisierung für kulturelle Eigenarten und Differenzen darf nicht übersehen werden, dass es bestimmter Voraussetzungen bedarf, um sich überhaupt den Zumutungen interkultureller Wahrnehmung auszusetzen. Warum sich überhaupt auf die Eigenarten (der Menschen) fremder Lebenswelten einlassen? Warum überhaupt die Bräuche und Forderungen anderer Religionsgemeinschaften zur Kenntnis nehmen oder sogar berücksichtigen? Warum überhaupt auf die schlichte Durchsetzung der eigenen religiösen und kulturellen Überzeugungen – zugunsten der anderer Lebensweisen und Haltungen – verzichten? Doch allein deshalb, weil wir jedem Menschen – *unabhängig von seinem Glauben, Bekenntnis und seinen Überzeugungen* – das gleiche Recht zugestehen, nach eigenen Vorstellungen, gemäss den eigenen Traditionen und Überzeugungen sowie in Übereinstimmung mit und Bindung an das eigene Gewissen zu leben, urteilen, entscheiden und zu handeln.

29 Hans-Martin Sass, *Menschliche Ethik im Streit der Kulturen*, Bochum ²2003, 1.

30 Seit vielen Jahren versucht etwa die «Konferenz europäischer Kirchen» (KEK) – nach wie vor vergeblich – ein gemeinsames Papier zu Entscheidungen am Lebensende zu verfassen.

Damit das je «Eigene» auch für jede und jeden das selbst bestimmte und gewählte «Eigene» sein kann, verzichtet der Staat nicht nur auf jede diesbezüglich bindende Definition. Darüber hinaus schützt er auch die und den Einzelnen gegenüber der Definitionsmacht Dritter (jedenfalls im Prinzip). Erst diese Neutralitätsbasis des Staates ermöglicht die Positionierung seiner Bürgerinnen und Bürger und fördert ihre Interessenartikulation in der Öffentlichkeit. Zu dieser Öffentlichkeit gehören auch die Religionsgemeinschaften, um deren Beteiligung in gesellschaftspolitischen Diskussionen dem Staat gelegen sein muss.

Taugt also religiöse Toleranz als bioethisches Prinzip? Meine Antwort darauf lautet abschliessend «nein», weil bioethische – wie alle anderen material-ethischen – Diskurse nicht abgelöst werden können von den – auch religiös – motivierten Moralvorstellungen, die die Diskussionsteilnehmenden in den Diskurs einbringen. Aber damit solche Diskurse zustande kommen, damit also Bioethik – auch in interkultureller und interreligiöser Perspektive – möglich wird, muss Toleranz als Prinzip der wechselseitigen Anerkennung von Personen, ungeachtet ihrer unterschiedlichen und konfligierenden Überzeugungen, *vorausgesetzt* werden.[31] Toleranz gehört nicht zur Verhandlungsmasse bioethischer Kontroversen – aber nur unter den Bedingungen von Toleranz können sie überhaupt ausgetragen werden.[32]

31 Zum Toleranzbegriff vgl. Jürgen HABERMAS, *Religiöse Toleranz als Schrittmacher kultureller Rechte*, in: DERS., *Zwischen Naturalismus und Religion*. Philosophische Aufsätze, Frankfurt a. M. 2005, 258–278.

32 Vgl. dazu die praktischen Verfahrensregeln diskursiver Verständigung in Johannes FISCHER, *Die Verständigung auf gemeinsame ethische Standards unter den Bedingungen des moralischen und weltanschaulichen Pluralismus*, in: Nikola BILLER-ANDORNO/Peter SCHABER/Annette SCHULZ-BALDES (Hg.), *Gibt es eine universale Bioethik?*, Paderborn 2008, 294.

Religiöse Symbole in multireligiöser Gesellschaft

Kopftuch und Minarett

Adrian Loretan

1. Zwei Beispiele

1.1 Ist das Genfer Kopftuch ein starkes religiöses Symbol? [1]

Eine Genfer Primarschullehrerin konvertierte 1991 vom Katholizismus zum Islam und noch im gleichen Jahr heiratete sie einen algerischen Staatsangehörigen. Da sie die Kleidervorschriften des Korans befolgen wollte, begann sie, weite Kleidung und einen Schleier oder ein Kopftuch zu tragen. Mit Brief vom 11. Juli 1996 bestätigte die Generaldirektorin des Primarschulunterrichts ein Gespräch, das sie mit der Lehrerin geführt hatte. Das Schreiben hatte im Wesentlichen folgenden Inhalt:

1. Das Tragen des islamischen Kopftuches ist unvereinbar mit Art. 6 des Genfer Gesetzes über das staatliche Unterrichtswesen, wonach beim öffentlichen Unterricht die Achtung der politischen und konfessionellen Überzeugungen der Schüler und Eltern garantiert bleiben muss.

2. Das Tragen des Kopftuches ist mit Beginn des nächsten Schuljahres bei Ausübung der beruflichen Tätigkeit zu unterlassen.

3. Es dürfen keine Kleiderattribute verwendet werden, die mit einer konfessionellen, mit den Bedürfnissen des Genfer Schulwesens unvereinbaren Bedeutung versehen sind.

4. Auf entsprechendes Gesuch hin stellte die Generaldirektorin daraufhin der Lehrerin eine förmliche Verfügung gleichen Inhalts zu. Alle dagegen erhobenen Beschwerden wurden abgewiesen. Das Bundesgericht *bezeichnete das Kopftuch als starkes religiöses Symbol*, als «symbole religieux ‹fort›»[2], weil sofort erkennbar sei, dass die Trägerin einer bestimmten Religion angehöre. Religiös

---

1   Der Text stützt sich hier auf eine frühere Studie: Adrian Loretan/Konrad W. Sahlfeld, *Der Islam stellt die Schweiz vor neue Herausforderungen.* Der Europäische Gerichtshof für Menschenrechte in zwei Beschwerden gegen die Schweiz, in: Dieter A. Binder/Klaus Lüdicke/Hans Paarhammer (Hg.), *Kirche in einer säkularisierten Gesellschaft*, Innsbruck 2006, 45–63.

2   BGE 123 I 296, 300 (Kopftuch).

aufgeladene Kleidungsstücke seien lediglich äussere Manifestationen, die nicht in den Kernbereich der Glaubens- und Gewissensfreiheit fielen.

Dem ist zu entgegnen, dass äussere Manifestationen des Glaubens in den Kernbereich der Glaubens- und Gewissensfreiheit fallen können,[3] etwa ein Kreuz oder eine Kippa. Hangartner nannte 1998 ein zweites Beispiel: Würde die Baubewilligung für eine Moschee verweigert oder das Baubewilligungsverfahren in die Länge gezogen, weil die politische Gemeinde kein islamisches Gebetshaus haben will, wäre nach Hangartner die Kerngehaltsgarantie verletzt.[4] Das Bundesgericht hat es versäumt, der Kerngehaltsgarantie für die Glaubens- und Gewissensfreiheit schärfere Konturen zu verleihen.

In einem in diesem Zusammenhang interessanten Urteil der Unabhängigen Beschwerdeinstanz für Radio und Fernsehen (UBI) wurde festgehalten, dass praktisch jede Kleidung gewisse Hinweise zur Weltanschauung der entsprechenden Person vermittelt.[5] Insofern erscheint es auch unklug vom Bundesgericht, von einem «symbole religieux ‹fort›»[6] in Bezug auf das Kopftuch zu sprechen. Was hat das Bundesgericht sich noch für eine Steigerungsmöglichkeit offen gelassen, beispielsweise für eine Totalverhüllung oder ein Bhagwan-Gewand?

Nehmen wir zum Vergleich doch einmal den für muslimische Männer vorgesehenen *Bart* – hier lässt sich überhaupt nicht mehr trennen, ob er aus reli-

---

3 Jörg Paul Müller nennt als Beispiele die Taufe der Christen und die Beschneidung der Juden. Vgl. Jörg Paul MÜLLER, *Grundrechte in der Schweiz*, Bern 1999, 88.

4 Yvo HANGARTNER, *Besprechung des Entscheides*, in: AJP 1998, 599 und 601. Hangartner weist auf die sich aus der Grundrechtsgewährleistung ergebende Dimension der Kerngehaltsgarantie hin. Siehe dazu auch René WIEDERKEHR, *Die Kerngehaltsgarantie am Beispiel kantonaler Grundrechte*, Bern 2000, 67: «Die Kerngehaltsgarantie gewährleistet neben diesen unantastbaren Gehalten indessen auch Massnahmen zugunsten der Religionsfreiheit, die wesentlich für ihre Verwirklichung sind.»

5 Entscheid der UBI vom 10. März 2000. Hierbei ging es um eine Sendung im Schweizer Fernsehen, bei der die Ansagerin in einem katholischen Ordenskleid auftrat. Eine Werbebotschaft oder *ein «PR-Auftritt» für die römisch-katholische Kirche lasse sich aus der Ordenstracht einer Dominikanerin nicht ableiten. Wichtig sei, dass die Ordenstracht einen Teil ihrer Identität darstelle* (Punkt 8.2), und zudem sei der Gesamteindruck entscheidend, den die beanstandeten Sendungen vermittelten (Punkt 7.2). Übertragen auf unseren Kopftuchfall heisst das: Entscheidend ist der Gesamteindruck des Unterrichts durch die Lehrerin.

6 Hangartner weist auf eine zusätzliche Unschärfe der bundesgerichtlichen Argumentation hin: Das Bundesgericht verwendet neben dem Begriff *«symbole»* unterschiedlos das Wort *«signe»*, vgl. HANGARTNER, a. a. O. (Anm. 4), 602. Nach Hangartner stellt dies eine unzulässige Begriffsverflachung dar. Bei einem Kreuz, z. B. als Anhänger getragen, liege klar ein christliches Symbol vor. Bei einem Kopftuch handle es sich primär um ein banales Kleidungsstück, wobei (möglicherweise) erkennbar sei, dass es sich dabei um die Erfüllung einer religiösen Pflicht handle.

giös oder politisch oder anders motivierter Überzeugung getragen wird, und wenn aus religiöser Überzeugung, was dann? Was machen wir mit einem muslimischen Lehrer, der einen Bart trägt?[7] Ist das überhaupt ein religiöses Symbol in der Öffentlichkeit?

Im *Genfer Kopftuchfall*[8] standen sich konfessionelle Neutralität der Schule (damals Art. 27 Abs. 3 BV[9]) und Glaubens- und Gewissensfreiheit einer Lehrerin gegenüber, wie in vergleichbaren Fällen in Deutschland oder Frankreich. Es ging um die Frage, ob eine Lehrerin im Unterricht ein Kopftuch tragen darf oder nicht.[10] Auch für Lehrerinnen gilt Art. 9 der EMRK uneingeschränkt: «Public servants do not fall outside the scope of the Convention any more than do other citizens.»[11]

Gemäss dem Schweizer Bundesgericht stützte sich das Genfer Kopftuchverbot für die Lehrerin auf eine genügende gesetzliche Grundlage (1). Dieses Verbot entspreche einem überwiegenden öffentlichen Interesse (2), insbesondere der konfessionellen Neutralität und dem Religionsfrieden in der Schule. Überdies wurde es als verhältnismässig (3) angenommen, die Freiheit der Lehrerin einzuschränken.[12] Die gesetzliche Grundlage war das Genfer Gesetz über das Unterrichtswesen, in dem die Achtung der politischen und konfessionellen Überzeugungen der Schüler und Eltern garantiert wird. Es wird von den Beam-

---

7   Vgl. dazu EKMR 1753/63 *X ./. Österreich* 15. Februar 1965: Hier wurde einem Strafgefangenen nicht erlaubt, sich aus religiösen Gründen einen Bart wachsen zu lassen – mit der Begründung, er sei sonst nicht zu identifizieren. Kritik an dieser Entscheidung u. a. bei Francis G. JACOBS/Clare OVEY/Robin M. WHITE, *The European Convention on Human Rights*, Oxford ²1996, 216.

8   In einem ersten, nicht publizierten Fall betreffend Kopftuch (oder *foulard islamique*) ging es um die Abwägung von Bürgerpflicht (Schadensminderung durch Annahme zumutbarer Arbeit) und Glaubens- und Gewissensfreiheit (Religion gebietet das Tragen eines Kopftuches). Im konkreten Fall wurde das Interesse an einer den Glaubensvorstellungen entsprechenden Arbeit höher bewertet; BGE C 366/96 Vr, unveröffentlichter Entscheid des Bundesgerichts vom 2. Juni 1997. Vgl. auch JAR 1991, 254: Rechtsmissbräuchliche Kündigung einer Arbeitnehmerin, weil sie aus religiösen Gründen ein Kopftuch trägt.

9   Mehrere Bestimmungen der Verfassung von 1874, welche die Säkularität des Staates zum Inhalt hatten, wurden in derjenigen von 1999 nicht mehr erwähnt. Entsprechend dem sog. Nachführungscharakter der neuen Bundesverfassung und aufgrund der Tatsache, dass die Säkularität ein wesentliches Merkmal des religiös und weltanschaulich neutralen Staates ausmacht, gelten diese Säkularisationsbestimmungen weiterhin, auch wenn sie im Verfassungstext nicht mehr ausdrücklich angeführt werden; vgl. Felix HAFNER, *§ 44. Glaubens- und Gewissensfreiheit*, in: Daniel THÜRER/Jean-François AUBERT/Jörg Paul MÜLLER (Hg.), *Verfassungsrecht der Schweiz*, Zürich 2001, N 33.

10 BGE 123 I 296 (Kopftuch).

11 EKMR 24949/94 *Konttinen ./. Finnland*, D&R 87-A (1996) 68, 75.

12 Vgl. Art. 36 BV.

ten konfessionelle Neutralität verlangt – was der Lehrerin in unserem Fall ausdrücklich von den vorgesetzten Behörden bescheinigt wurde!

Einschränkend sah das Bundesgericht allerdings die folgenden Punkte: dass nämlich ein in jeder Hinsicht *neutraler Unterricht* konkret schwer vorstellbar ist. Das Neutralitätserfordernis an der Schule erlaube es nicht, Lehrer mit religiösen Überzeugungen zu disqualifizieren. Richtigerweise sagte das Bundesgericht, dass *jeder Einzelfall* speziell unter die Lupe genommen werden muss.

Das Kopftuch als starkes religiöses Symbol mache den jungen, beeinflussbaren Kindern eine Nicht-Identifikation mit der muslimischen Lehrerin praktisch unmöglich, so das Bundesgericht.[13] Da die Lehrerin die Schule verkörpere und Kinder in der Primarschule sehr beeinflussbar seien, sahen die Richter in Lausanne keinen anderen Weg, als ihr das Tragen des Foulards zu verbieten. Danach liess sich das oberste Schweizer Gericht noch zu einigen Argumentationen hinreissen, die aufhorchen lassen.[14]

1. Man könne nicht ein Kruzifix an der Wand eines Schulzimmers verbieten, um dann bei Lehrpersonen starke religiöse Symbole zuzulassen.
2. Das Zulassen des Kopftuches würde dazu führen, dass bald auch Soutane und Kippa Einzug in die Schule hielten.
3. Das Tragen des Kopftuches sei mit dem Prinzip der Gleichstellung der Geschlechter kaum vereinbar.
4. Der konfessionelle Frieden sei weiterhin fragil.

Es bleibt schlicht unverständlich, *wie ein rein äusserliches Symbol der eigenen religiösen Überzeugung zu einer Form von Indoktrination uminterpretiert werden kann.*[15] Auch ist die Gefährdung des religiösen Friedens durch Kopftücher nicht einmal überzeugend dargelegt worden.

Deutsche und Schweizer Gerichte verwenden unterschiedliche Argumentationsstränge in Kopftuchfällen von Lehrerinnen. In Deutschland stand nicht so sehr die Religionsfreiheit der Lehrerin, sondern deren Berufsausübungsfreiheit im Vordergrund. In der Schweizer Literatur wurde allerdings durchaus darauf hingewiesen, dass das Genfer Urteil im Ergebnis zu einem *faktischen*

---

13 Zustimmend, allerdings pauschal und ohne Begründung, Peter KARLEN, *Jüngste Entwicklung der Rechtsprechung zum Staatskirchenrecht*, in: SJKR 4 (1999) 85. Kritisch dagegen HANGARTNER, a. a. O. (Anm. 4), sowie René RHINOW, *Religionsfreiheit heute*, in: *recht* 2 (2002) 50, der auf die vertane Chance zum Erlernen von Toleranz und wechselseitigem interreligiösen Verständnis in der Schule hinweist.

14 BGE 123 I 296, 312 (Kopftuch).

15 Vgl. Konrad W. SAHLFELD, *Aspekte der Religionsfreiheit – im Lichte der Rechtsprechung der EMRK-Organe, des UNO-Menschenrechtsausschusses und nationaler Gerichte*, Zürich 2004, 142.

Berufsverbot für Lehrkräfte wird, die religiöse Symbole tragen. Pointiert ausgedrückt kommt man damit zu einer Aussonderung der religiösen Lehrkräfte, die ein religiöses Symbol tragen, statt zu einer Selektion nach Leistungs- und Verhaltenskriterien.[16]

Die «Eignung» darf aber gerade nicht an der Religion festgemacht werden. Dem steht u. a. die Bundesverfassung entgegen, in der es in Art. 8 Abs. 2 heisst: «Niemand darf diskriminiert werden, namentlich nicht wegen [...] *der religiösen*, weltanschaulichen oder politischen *Überzeugung*.»

Ein ähnlicher Fall liegt vor bei dem in der basel-städtischen Verfassung verankerten Verbot, Ordenspersonal an den Schulen und Erziehungsanstalten einzusetzen.[17] Dieses aus der Kulturkampfzeit stammende Relikt ist eine Entscheidung des Souveräns, die vor der EMRK und der BV wohl kaum standhält. Dieser Grundrechtseingriff ist kaum zu rechtfertigen. Immerhin wäre auch hier jeder Einzelfall genau zu untersuchen.

Welche Gründe auch immer Frauen dazu bewegen, ein Kopftuch oder ein Ordensgewand zu tragen, in unserer Gesellschaft fallen sie dadurch auf. Es ist die Frage, ob unsere Gesellschaft standfest genug ist, mit solchen religiösen Symbolen bewusster Fremdheit in der Öffentlichkeit tolerant umzugehen.

1.2. Muss das Parlament die Minarettverbotsinitiative für ungültig erklären?[18]

Minarette und Kirchtürme in Damaskus sind religiöse Symbole in der Öffentlichkeit, die unter Beweis stellen, dass in diesem Land verschiedene Religionsgemeinschaften seit Jahrhunderten zusammenleben. Soll eine derartige Toleranz gegenüber religiösen Symbolen in der Öffentlichkeit in der Schweiz keinen Platz haben?

Am 8. Juli 2008 reichte eine Vertretung des Egerkinger Initiativkomitees[19] bei der Bundeskanzlei eine Volksinitiative ein, die den Bau von Minaretten in der Schweiz verbieten soll. Bevor diese Initiative dem Souverän zur Abstimmung vor-

---

16 Vgl. Paul RICHLI, *Berufsverbot für Primarlehrerin wegen eines islamischen Kopftuches?*, in: ZBJV 134 (1998) 232.

17 § 13 Abs. 2: «Personen, welche religiösen Orden oder Kongregationen angehören, ist die Leitung von Schulen und Erziehungsanstalten sowie die Lehrtätigkeit an solchen untersagt.»

18 Ich stütze mich hier auf die Arbeiten von Herrn Marcel Stüssi, wissenschaftlicher Mitarbeiter am Lehrstuhl für Staats- und Verwaltungsrecht der Universität Luzern. Seine Arbeiten dazu auf englisch, arabisch und deutsch sind auf der Homepage meiner Professur für Kirchenrecht und Staatskirchenrecht publiziert: www.unilu.ch/tf/kr.

19 Das Initiativkomitee besteht aus Politikern der Schweizerischen Volkspartei (SVP) und der Eidgenössisch-Demokratischen Union (EDU).

gelegt werden kann, muss geklärt sein, ob damit nicht zwingende Bestimmungen des Völkerrechts verletzt werden.[20]

1.2.1. Selbstbestimmung versus Menschenrecht

Jedes Staatsvolk geniesst interne Selbstbestimmung, wie die Befürworter der Initiative in die Waagschale werfen können: «Alle Völker entscheiden über ihren politischen Status und gestalten ihre soziale und kulturelle Entwicklung frei», so Artikel 1 des Internationalen Paktes über bürgerliche und politische Rechte.[21] Die internationale Staatengemeinschaft respektiert die inneren Angelegenheiten eines Staates, z. B. wie politische, religiöse und sprachliche Elemente geregelt werden.

Ist dem Recht des Stärkeren keine Grenze gesetzt? «Gerecht sei doch nichts anderes, als was dem Starken nütze. Jeder Staat erkläre das für gerecht, was ihn erhält und fördert, und das sei in der Tyrannis, in der Demokratie und in der Aristokratie jeweils etwas ganz anderes. Gerechtigkeit sei nichts als eine schöne Maske für das wahre Gesicht, aus dem der Egoismus spreche.»[22] Mit diesem Argument hätte schon der griechische Sophist Thrasymachos den Initiativbefürwortern für die Minarettverbotsinitiative Recht gegeben.

Ist Gerechtigkeit und damit die Stärke des Rechts wirklich das Recht des Stärkeren? Hier das Recht des demokratisch Stärkeren? Oder könnten die Dialogpartner des Thrasymachos doch eher Recht haben, wenn sie Gerechtigkeit mit «jedem das Seine» umschrieben haben? Platon versteht unter Gerechtigkeit eine politische Tugend, die er in erster Linie mit «*das Seinige tun und nicht vielerlei treiben*»[23] umschrieb. Diese Tugend sollte das Zusammenleben der Menschen im griechischen Stadtstaat ermöglichen. Dieser Gedanke ist von Platon über Aristoteles[24], Cicero[25] und Augusti-

---

20 Dazu gehören gemäss dem Internationalen Gerichtshof das Gewaltverbot, das Völkermordverbot, das Verbot der Rassendiskriminierung, das Verbot von Verbrechen gegen die Menschlichkeit, das Sklaverei- und Piraterieverbot sowie der Grundsatz der Gleichheit der Staaten und der Selbstbestimmung.

21 Art. 1 Internationaler Pakt über bürgerliche und politische Rechte, Inkrafttreten: 18. September 1992, SR 0.103.2 AS 1993 750 (Anhang).

22 Alexander DEMANDT, *Die Idee der Gerechtigkeit bei Platon und Aristoteles*, in: Herfried MÜNKLER/Marcus LLANQUE (Hg.) *Konzeptionen der Gerechtigkeit*. Kulturvergleich – Ideengeschichte – Moderne Debatte, Baden-Baden 1999, 62.

23 PLATON, *Politeia*, 433 (dt. Übersetzung: 321); vgl. aber auch *Gorgias* 508 (dt. Übersetzung: 451); *Nomoi*, 757 (dt. Übersetzung: 357).

24 Vgl. ARISTOTELES, *Rhetorik*, 1366 b 9ff.

25 Vgl. CICERO, *De finibus*, V 23, 67; DERS., *De natura deorum*, III 15, 38; DERS., *De re publica*, II 42–44.

nus[26] in das römische Recht eingegangen und zum Grundbestand europäischen Rechts- und Staatsdenkens geworden.

Dem Menschenrechtsausschuss der UNO kommt diese platonisch-aristotelische Position jedenfalls näher. Der Menschenrechtsausschuss ist eine gerichtsähnliche Institution der UNO. Er hält fest: Ein Staat kann sich nicht das Recht vorbehalten, Personen die Religionsfreiheit abzusprechen, religiösen Hass zu erlauben oder Minderheiten das Recht zu verweigern, ihr eigenes kulturelles Leben zu pflegen oder ihre eigene Religion zu bekennen.[27]

Die Tatsache, dass eine Religion öffentlich-rechtliche Anerkennung geniesst oder ihre Mitglieder die Mehrheit der Bevölkerung ausmachen, darf in keiner Weise den Gebrauch der Religionsfreiheit beeinträchtigen oder zu irgendeiner Diskriminierung der Anhänger anderer Religionen führen.[28] Massnahmen, die Letztere diskriminieren, sind mit dem Verbot der Diskriminierung aufgrund der Religionszugehörigkeit oder der Weltanschauung unvereinbar.[29] Die Ausübung einer Religionsgemeinschaft umfasst gemäss dem Menschenrechtsausschuss der UNO rituelle und zeremonielle Handlungen, die eine religiöse Überzeugung unmittelbar ausdrücken, sowie verschiedene Praktiken, die diesen Handlungen angehören – einschliesslich der Errichtung von Kultusörtlichkeiten und der Darstellung von Symbolen.[30]

1.2.2. Konsequenzen einer Annahme der Minarettverbotsinitiative

Als Zwischenstand des Rechtsstreits kann zusammengefasst werden: Es gibt sowohl Gründe für das Recht auf Selbstbestimmung (*die Minarettverbotsinitiative ist damit gültig*) als auch Gründe für die Einhaltung fundamentaler Menschenrechte (*die Initiative ist damit ungültig*). Aus der dargestellten Rechtsanalyse resultiert eine gewisse Pattsituation. Die Minarettverbotsinitiative kann aufgrund des Völkerrechts sowohl für gültig als auch für ungültig erklärt werden. Diese rechtliche Analyse erachtet Marcel Stüssi aber als kurzsichtig. Er spielt deshalb den Gedanken einmal durch, was passieren würde, wenn die Minarettverbots-

---

26 Vgl. Augustinus, *De civitate Dei*, XIX 17: Dem Römischen Reich, wie der politischen Ordnung überhaupt, bleibt die Suche nach den bloss irdischen Gütern als dem Seinigen. Nach diesen Gütern strebt eine Ordnung, die nicht aus dem Glauben lebt: Sie sucht «ausgehend von den Dingen und Vorteilen dieses zeitlichen Lebens den irdischen Frieden zu erheischen».

27 Vgl. Menschenrechtsausschuss, Allgemeine Bemerkung Nr. 24 vom 4. November 1994, CCPR/C/21/Rev.1/Add.6, Para. 8.

28 Vgl. Menschenrechtsausschuss, Allgemeine Bemerkung Nr. 22 vom 30 Juli 1993, CCPR/C/21/Rev.1/Add.4, Para. 9.

29 Vgl. ebd.

30 Vgl. a. a. O., Para.4.

initiative von Volk und Ständen angenommen würde. Dies hätte folgende vier Konsequenzen:[31]

1. Die Möglichkeit, fundamentale Rechte wie z. B. die Religionsfreiheit, das Diskriminierungsverbot oder die Minderheitsrechte auszuschliessen, ist ein Dammbruch für einen Rechtsstaat. Die Zulässigkeit eines Vorbehalts von einer völkerrechtlichen Verpflichtung würde in Zukunft diese Möglichkeit bieten. Dagegen hält der Menschenrechtsausschuss der UNO einschränkend fest, dass ein solcher Vorbehalt mit dem Zweck des Paktes unvereinbar ist.[32] Danach ist beim Minarettverbot ein Vorbehalt unzulässig und folglich völkerrechtswidrig.

2. Die Schweiz kann von ihren Völkerrechtsverpflichtungen nicht zurücktreten und z. B. den Internationalen Pakt über bürgerliche und politische Rechte aufkünden. Denn Letzterer erwähnt keine Bestimmungen zur Suspendierung oder Beendigung. Der Menschenrechtsausschuss ist daher der festen Überzeugung, dass Staaten, die den Pakt ratifiziert haben, an ihn gebunden sind.[33]

3. Dem internationalen Rechtssystem kommt im Konfliktfall der Vorrang vor dem nationalstaatlichen Recht zu. Die Schweiz kann sich als Vertragspartei nicht auf innerstaatliches Recht berufen gemäss Artikel 27 des Wiener Übereinkommens über das Recht der Verträge.[34] Die vom Bundesgericht entwickelte Praxis (Schubert-Praxis)[35] widerspricht dem Internationalen Gerichtshof und der Bundesverfassung: Artikel 5 Absatz 4 besagt: «Bund und Kantone beachten das Völkerrecht.»

4. Die internationale Staatengemeinschaft könnte Schritte unternehmen, um die Schweiz zur Einhaltung der fundamentalsten Menschenrechte anzuhalten. Die Schweiz hat schon 1948 die Gerichtsbarkeit des Internationalen Gerichtshofs in Streitfragen bezüglich Auslegung eines Staatsvertrages als obligatorisch anerkannt. Gegen einen Artikel in der Bundesverfassung, der den Bau von Minaretten verbietet (aufgrund der angenommenen Minarettverbotsinitiative), könnten zwei Klagen erhoben werden: *Erstens* verletzt ein solches Verbot fundamentale Menschenrechte wie das Recht auf Glaubens- und Gewissens-

---

31 Vgl. Marcel STÜSSI, *Muss das Parlament die Minarettverbotsinitiative für ungültig erklären?*, in: http://www.unilu.ch/files/minarett_verbot_marcel_stuessi.doc (04.08.2008), 4f.

32 Vgl. Menschenrechtsausschuss, a. a. O. (Anm. 109).

33 Vgl. Menschenrechtsausschuss, Allgemeine Bemerkung Nr. 26 vom 8. Dezember 1997, CCPR/C/21/Rev.1/add.8, Para. 2.

34 Vgl. Wiener Übereinkommen über das Recht der Verträge, Inkrafttreten 6. Juni 1990, SR 0.111.

35 Vgl. BGE 99 Ib 39, E. 3, S. 43f. In der Schweiz hielt das Bundesgericht im Schubert-Entscheid fest: Ein Staat kann sich auf das innerstaatliche Recht berufen, um die Nichterfüllung eines Vertrages zu rechtfertigen.

freiheit[36], das Diskriminierungsverbot[37] und die Rechte von Minderheiten[38]. Dies trifft zu ungeachtet der Frage, ob die genannten Rechte zwingendes Völkerrecht darstellen oder nicht. *Zweitens* besteht keine Möglichkeit, den Internationalen Pakt II von Schweizer Seite her zu beendigen. Würde die Schweiz anschliessend ihren Verpflichtungen gegenüber dem Urteil des Internationalen Gerichtshofs nicht nachkommen, könnte die benachteiligte Partei sich an den Sicherheitsrat wenden. Dieser könnte Massnahmen beschliessen, um dem Urteil Wirksamkeit zu verschaffen.

1.2.3. Politische Entscheidung

Wie könnte die Schweiz sich weiterhin als «Anwältin der Menschenrechte» bezeichnen, wenn der Internationale Gerichtshof und der Sicherheitsrat die Menschenrechtsverletzungen desselben Landes öffentlich verhandelten? Die Symbolwirkung dieser Verhandlungen für eine weltweite Öffentlichkeit ist nicht zu unterschätzen. Seit Thomas Jeffersons «Bill of Rights» hat die Welt einen beachtlichen Fortschritt gemacht. «Ein Rechtssystem, das die ihm innewohnenden Tendenzen [auch einer demokratischen Mehrheit] nicht überwindet und den Einzelnen nicht vor der Vergewaltigung durch mächtige körperschaftliche Organe schützt, wird von den modernen Menschen als moralisch minderwertig beurteilt.»[39]

Es ist deshalb keine weitsichtige politische Optik, sich auf die rechtliche Frage des zwingenden Völkerrechts und des Rechts auf Selbstbestimmung zu beschränken. Beide Optionen sind aus völkerrechtlicher Sicht rechtskonform, wie oben aufgezeigt wurde.

1. Die Minarettverbotsinitiative kann als Verbot religiöser Symbole in der Öffentlichkeit gedeutet werden, was ein Verstoss gegen die Religionsfreiheit wäre.

2. Die Minarettverbotsinitiative kann auch als Verbot religiöser Symbole gewisser Religionsgemeinschaften verstanden werden. Diese Deutung der Initiative baut auf einer klaren Diskriminierung einer religiösen Überzeugung auf, die in Art. 8 Abs. 2 BV verboten wird. Will die Bundesversammlung damit einen unwiderruflichen Bruch mit der schweizerischen humanitären Tradition eingehen?

1992 stimmten die Bürgerinnen und Bürger der Eidgenossenschaft dem Schutz der Menschenrechte und der Garantie der gleichen Würde einer jeden Person zu (im Pakt II). Dieselben Bürgerinnen und Bürger nahmen 1999 demokratisch eine

---

36 Art. 18 Pakt II (Internationaler Pakt über bürgerliche und politische Rechte).
37 Art. 4, Art. 24, Art. 26 Pakt II.
38 Art. 27 Pakt II.
39 Andrew GREELEY, *Kanonisches Recht und Gesellschaft*, in: Concilium 5/10 (1969) 633.

neue Bundesverfassung an, die einen Grundrechtskatalog enthält. Dieser verbietet die Diskriminierung aufgrund der religiösen Überzeugung. Daher ist ein klarer Appell von Regierung und Parlament rechtlich abgestützt. Der Wille, Menschenrechte auch in Zukunft zu respektieren, entspricht schweizerischer Tradition.

Kurz zusammengefasst: Die Bundesversammlung muss nicht zwingend die Minarettverbotsinitiative für ungültig erklären aufgrund des zwingenden Völkerrechts. Diese in höchstem Masse diskriminierende Gesetzesvorlage gilt es aber zu verunmöglichen. Sonst würden die Säulen des Schweizer Verfassungsstaates beschädigt werden.

Wohin die Reise gehen kann, wenn der Grundrechtsschutz in einem Rechtsstaat beschädigt werden darf, können wir in der Geschichte der Weimarer Republik nachverfolgen.[40] Die Hitlersche Verfolgung der Juden fing u. a. mit der Zerstörung der jüdischen religiösen Symbole in der Öffentlichkeit an. Quo vadis Helvetia?

2. Einige Grundsatzfragen

Welche Religionsgemeinschaft eines Landes ist die wahre? Gewährt ein Staat keine Religionsfreiheit, weil er an der für ihn wahren Religion festhält, wird er für die «Falschgläubigen» zum totalitären Unrechtsstaat. Der Rechtsstaat dagegen nimmt mit der Religionsfreiheit die religiöse Wahrheitsfrage von der politischen Tagesordnung. «Wenn bestimmte Angelegenheiten von der politischen Tagesordnung genommen werden, werden sie nicht länger als angemessene Gegenstände für politische Entscheidungen nach der Mehrheitsregel [...] betrachtet.»[41]

2.1. *Pluralismus als Folge der Religionsfreiheit?*

Ein staatliches System, das keine für jede Bürgerin und jeden Bürger verbindliche Gesellschafts- und Staatsideologie kennt, heisst Pluralismus. Es findet ein permanenter «Kampf um das Recht»[42] statt. *Dieser Machtkampf* polarisiert die Gegner und politisiert alle gesellschaftlich bedeutenden Vorgänge.

«Die Philosophie, verstanden als Suche nach der Wahrheit einer unabhängigen metaphysischen und moralischen Ordnung, kann nach meiner Überzeu-

---

40 Vgl. Detlev J. K. Peukert, *Die Weimarer Republik*. Krisenjahre der klassischen Moderne, Frankfurt a. M. 1987, bes. die Kapitel 11–14.
41 John Rawls, *Politischer Liberalismus*, Frankfurt a. M. 2003, 240.
42 Rudolf v. Jhering, *Der Kampf um das Recht*, Wien ²²1929.

gung in einer demokratischen Gesellschaft keine brauchbare gemeinsame Basis für eine politische Gerechtigkeitskonzeption bereitstellen.»[43]

Die Frage in einer liberalen Demokratie bleibt aber, «wie wir eine öffentliche Grundlage der politischen Übereinstimmung finden können». Entscheidend ist, dass es gelingt, «die der öffentlichen politischen Kultur eines Verfassungsstaates zugrunde liegende tiefere Übereinstimmung zu einer kohärenten Auffassung zu formen, die mit besonders festen, wohlerwogenen Überzeugungen dieser Kultur zusammenstimmt»[44]. John Rawls hat die Bedeutung der «Tatsache des Pluralismus» erkannt. «Ihm kommt das grosse Verdienst zu, über die politische Rolle der Religion frühzeitig nachgedacht zu haben.»[45]

2.2. Grundrechtsbedarf der Religionen aus rechtsphilosophischer Sicht

Ein Blick in die Geschichte zeigt, dass Machtmissbrauch im Namen der religiösen Wahrheit in Religion und Staat häufig gemeinsam einherging. Es war das zentrale philosophische Anliegen Immanuel Kants, Situationen des Zwangs und der Gewalt zugunsten von Vernunft und Recht zu überwinden. Seine aufgeklärte Kritik verstand sich zum einen als *Kritik des Politischen*, zum andern als *Kritik der Religion*.[46]

Kant schreibt: «Ähnlich wie jeder Mensch mit der Verkehrung der Grundsätze sittlichen Handelns den Fall Adams existentiell wiederholt, so lastet auch auf jeder religiösen Institution ‹eine Art von Erbschuld›, nämlich der Hang zur eigenen Verabsolutierung.»[47] Immanuel Kant warnt vor den sich im Besitz der Wahrheit Wissenden. Dies heisst, dass auch den Religionsgemeinschaften eine «Magna Charta» der Grundrechte abzutrotzen wäre. Freiheitsrechte dürfen auch in den Religionsgemeinschaften kein Fremdwort bleiben. Grundrechte haben Symbolcharakter in der gesellschaftlichen Öffentlichkeit. Das Fehlen von Grundrechten in den Religionsgemeinschaften hat ebenfalls Symbolwert für die Öffentlichkeit.

---

43 John Rawls, *Gerechtigkeit als Fairness, politisch und nicht metaphysisch*, in: DERS., *Die Idee des politischen Liberalismus*, Frankfurt a. M. 1994, 264.

44 A. a. O., 263; vgl. Jürgen Habermas, der genau in dieser Richtung nachfragt.

45 Jürgen Habermas, *Religion in der Öffentlichkeit*. Kognitive Voraussetzungen für den «öffentlichen Vernunftgebrauch» religiöser und säkularer Bürger, in: DERS., *Zwischen Naturalismus und Religion*. Philosophische Aufsätze, Mainz 2005, 154.

46 Vgl. Odilo Noti, *Religion und Gewalt*. Eine theologisch interessierte Erinnerung an Immanuel Kant, in: Dietmar Mieth/René Pahud de Mortanges (Hg.), *Recht – Ethik – Religion*. Der Spannungsbogen für aktuelle Fragen, historische Vorgaben und bleibende Probleme (Festgabe für Bundesrichter Giusep Nay zum 60. Geburtstag), Luzern 2002, 134.

47 A. a. O., 143.

2.3. Religiöse Symbole und ihr Symbolwert für die Öffentlichkeit

2.3.1. Die Bedeutung des Kollektivs für das Subjekt

Der freie Zugang zum eigenen kulturellen Hintergrund macht die Einführung von kollektiven Rechten im Staat verständlich. Solche kulturellen Rechte stärken aber auch die religiösen Organisationen. Damit entstehen neue Konfliktfelder, die man in individualistisch strukturierten Ordnungen der Gleichheit nicht kennt.[48]

Als Beispiel werden Frauen in jenen Religionen genannt, die aufgrund des Geschlechts nicht zu allen Ämtern zugelassen werden. Die Nichtzulassung aufgrund des Geschlechts ist gemäss Art. 8 Abs. 2 BV diskriminierend. Dies wird dennoch toleriert, da bei der Güterabwägung zwischen Religionsfreiheit und Gleichstellung bisher die Religionsfreiheit stärker gewichtet wurde.[49] Diese Gewichtung wird aber in der neuesten Literatur auch bestritten.[50]

2.3.2. Der Konflikt zwischen Kollektiv und Subjekt

Welche Rolle spielt der Staat? Nimmt er durch die Gewährung der kollektiven Religionsfreiheit Partei für die Religionsgemeinschaften? Oder erlaubt er den Mitgliedern der Religionsgemeinschaften selbst zu definieren, was ihre kulturelle und religiöse Identität ausmacht? Rechtlich ausgedrückt heisst das: individuelle contra kollektive Religionsfreiheit.

«Die katholische Kirche [geniesst] das Recht, Frauen vom Priesteramt auszuschliessen, obwohl die Gleichberechtigung von Mann und Frau Verfassungsrang hat und in anderen Sektoren der Gesellschaft durchgesetzt wird [...] Aus der Sicht des liberalen Staates ist das Gleichheitsprinzip nicht verletzt, solange es keinem Mitglied verwehrt ist, seinen Dissens durch Austritt zu bekunden oder durch eine Mobilisierung von Gegenkräften in der Organisation selbst zur Geltung zu bringen.»[51] Wie kann sich ein Religionsmitglied einer grundrechtlich

---

48 Jürgen HABERMAS, *Kulturelle Gleichbehandlung und die Grenzen des Postmodernen Liberalismus*, in: Deutsche Zeitschrift für Philosophie, 51/3 (2003) 385, nennt folgende Konfliktfelder:
   a) Verschiedene Identitätsgruppen machen sich gegenseitig ihre Rechte streitig.
   b) Eine Gruppe fordert im Hinblick auf den Status anderer Gruppen Gleichbehandlung.
   c) Nichtmitglieder sehen sich benachteiligt gegenüber Mitgliedern privilegierter Gruppen.
   d) Gruppeninterne Unterdrückung.

49 Vgl. Felix HAFNER/Denise BUSER, *Frauenordination via Gleichstellungsgesetz?* Die Anwendbarkeit des Gleichstellungsgesetzes auf die Dienstverhältnisse in der römisch-katholischen Kirche, in: AJP 1996, 1207ff.

50 Vgl. Stella AHLERS, *Gleichstellung der Frau in Staat und Kirche – ein problematisches Spannungsverhältnis*, Münster 2006.

51 Vgl. HABERMAS, a. a. O. (Anm. 48), 383–384.

geschützten Gesellschaft in einem grundrechtlich nicht geschützten Bereich, den Religionsgemeinschaften, einbringen?

Jürgen Habermas verweist auf die religiös begründete Rassendiskriminierung der Bob Jones University,[52] einer amerikanischen Einrichtung fundamentalistischer Christen. Der amerikanische Staat war nicht mehr bereit, die religiös motivierte Rassendiskriminierung dieser Universität mit Steuerprivilegien mitzutragen. Als die zuständige Behörde mit Entzug der Steuerprivilegien drohte, änderte man dort die Zulassungspraxis und nahm auch schwarze Studierende auf. Wenn der Staat religiös motivierte Symbole der Rassendiskriminierung nicht mittragen kann, warum soll der Staat religiös motivierte Symbole der Geschlechterdiskriminierung mittragen?

2.3.3. Was heisst Diskriminierung?

Diskriminierung lässt sich mit Walter Kälin umschreiben als «eine qualifizierte Art von Ungleichbehandlung von Personen in vergleichbaren Situationen, welche eine Benachteiligung eines Menschen zum Ziel oder zur Folge hat, die als Herabwürdigung einzustufen ist, weil sie an einem Unterscheidungsmerkmal anknüpft, das einen wesentlichen Bestandteil der Identität der betreffenden Person ausmacht. Das Diskriminierungsverbot ist verletzt, wenn die Schlechterstellung wegen eines verpönten Merkmals erfolgt und in der konkreten Situation nicht gerechtfertigt werden kann.»[53] Aufgeführt werden u. a. das Geschlecht, die Rasse, die Religionsgemeinschaft (z. B. Minarettverbotsinitiative).

Die Wechselbeziehung zwischen Religion und Politik wird in der Gesetzgebung greifbar.[54] Hier wird entschieden, welche Symbole der Ungleichstellung toleriert werden.

2.3.4. Welche Geschlechtersymbolik vertreten Religionsgemeinschaften in der pluralen Gesellschaft?

Können die oben genannten Kriterien des Diskriminierungsverbots auch auf die Religionsgemeinschaften und andere vormoderne Kulturen angewandt werden? Werden Religionsgemeinschaften in einer Rechtskultur der Gleichstellung der Geschlechter zum Symbol der Ungleichstellung der Geschlechter?

Werden einige Religionsgemeinschaften die Menschenrechte nach aussen einfordern können und gleichzeitig *Symbole der Ungleichstellung der Geschlechter in*

---

52 A. a. O., 384.

53 Walter Kälin, *Grundrechte im Kulturkonflikt*. Freiheit und Gleichheit in der Einwanderungsgesellschaft, Zürich 2000, 107.

54 Vgl. z. B. die Arbeit von Ahlers, a. a. O. (Anm. 50).

ihrer Liturgie und ihrem Innern vorleben? Kann das Recht einer solchen Kirche «Vorbildfunktion» für Gesellschaft und Staat übernehmen?[55]

Papst Johannes Paul II. z.B. forderte, dass es «daher dringend einiger konkreter Schritte [bedürfe …], dass den Frauen Räume zur Mitwirkung in verschiedenen Bereichen und auf allen Ebenen [sic] eröffnet werden, auch in den Prozessen der Entscheidungsfindung, vor allem dort, wo es sie selbst angeht.»[56] Er führte weiter aus: «Sicher muss man viele Forderungen, die die Stellung der Frau in verschiedenen gesellschaftlichen und kirchlichen Bereichen betreffen, als berechtigt anerkennen.»[57] Darauf, wie diese Forderungen umgesetzt werden, darf man gespannt sein.

Margot Käßmann, lutherische Landesbischöfin von Hannover, bezeichnete die Frauenordination als eines der Schlüsselprobleme in der Ökumene.[58]

Die Stellung der Frau in den Religionsgemeinschaften ist ein Paradebeispiel, wie die Religionsgemeinschaften bis heute die Frage der Menschenrechte der Mitglieder in den Religionen mit Traditionsargumenten abspeisen wollen.

Noch grösser ist die Symbolwirkung der Geschlechtergerechtigkeit der Religionsgemeinschaften ausserhalb Europas z. B. in den Ländern des Südens. Hier haben verschiedene Religionen durch ihre Frauenbilder die ökonomische Aufbauarbeit behindert. Die Gleichstellung der Frauen in den Religionen habe Vorbildfunktion und Symbolfunktion auch für das soziale und wirtschaftliche Leben, so die indische Entwicklungsökonomin, Frau Devaki Jain.[59]

55 Vgl. Diethmar MIETH, *Die Spannung zwischen Recht und Moral in der katholischen Kirche*, in: Concilium 32 (1996) 410–415, bes. 411–413. Der Autor verneint die Frage im Unterschied zu Klaus DEMMER, *Christliche Existenz unter dem Anspruch des Rechts*. Ethische Bausteine der Rechtstheologie, Freiburg Schweiz 1995, 137.

56 JOHANNES PAUL II., *Nachsynodales Apostolisches Schreiben Vita consecrata*. Über das geweihte Leben und seine Sendung in Kirche und Welt, Nr. 58 (deutsch hg. vom Sekretariat der Deutschen Bischofskonferenz, Bonn 1996, Verlautbarungen des Apostolischen Stuhls, Nr. 125).

57 A. a. O., Nr. 57.

58 Vgl. Schlüsselproblem (Kipa-Agentur-Meldung), in: SKZ 171 (2003) 579.

59 Devaki Jain hatte 1976 das Institute of Social Studies Trust gegründet, das sich auf die Themen Armut und Geschlechter konzentriert. Sie wurde für ihr Entwicklungsprojekt «Development Alternatives for a new Era» weltweit von sehr angesehenen Universitäten ausgezeichnet mit Ehrendoktoraten und anderen Titeln. Sie war eine der beiden Frauen, die 1995 in Peking geehrt wurden.

2.4. Kann das religiöse Abseitsstehen in der Öffentlichkeit rechtsstaatliche Werte untergraben?

Die Gleichstellungssymbolik einiger Religionsgemeinschaften steht der grundrechtlich geprägten Öffentlichkeit entgegen. Die Religionsgemeinschaften können hier noch Lernprozesse durchlaufen. Können sich die Religionsgemeinschaften selbst als Teil einer pluralistischen Demokratie verstehen? Welches ist ihr Beitrag für eine stabile Demokratie?

Der junge Karl Barth etwa war eine zentrale Figur des intellektuellen Lebens in Deutschland. Er stand aber abseits der Diskussionen über die Legitimität der Weimarer Republik.[60] Seine apokalyptische theologische Sprache konnte von der Hitler-Propaganda sehr gut für ihre Zwecke missbraucht werden.[61] («The language of the new theological dispensation could just as easily be used to defend a decision *for* the Nazis and the German Christians.»[62])

Die Kirchen müssen sich fragen lassen, warum sie mehrheitlich abseits standen in den intellektuellen Auseinandersetzungen um die Legitimität der Weimarer Republik. Sind die Religionsgemeinschaften ihrer Verantwortung für den demokratischen Rechtsstaat damals nachgekommen? «Ein Grund für den Zusammenbruch der Weimarer Republik war, dass keine der traditionellen Eliten in Deutschland die Weimarer Verfassung unterstützte und bereit war, zu ihrer Erhaltung beizutragen.»[63] Konservative glaubten sogar, Hitler als Kanzler kontrollieren zu können.[64]

Dieses Beispiel zeigt, welche zentrale Rolle den *Religionsgemeinschaften in einer pluralistisch demokratischen Gesellschaft* zukommt. Die politischen Theologien der Religionsgemeinschaften sind herausgefordert, die Frage zu beantworten: «Wie kann eine stabile und gerechte Gesellschaft freier und gleicher Bürger, die durch vernünftige und gleichwohl einander ausschliessende religiöse, philosophische und moralische Lehren einschneidend voneinander getrennt sind, dauerhaft bestehen?»[65]

---

60 «Christians should keep their eyes on eternity rather than the ‹game› of contemporary politics.» Mark LILLA, *The Stillborn God*. Religion, Politics, and The Modern West, New York/Toronto ⁴2007, 279.

61 Vgl. a. a. O., 280.

62 A. a. O., 281.

63 John RAWLS, *Politischer Liberalismus*, Frankfurt a. M. 2003, 65.

64 Vgl. Carl SCHMITT, *Die Krise der parlamentarischen Demokratie*, Berlin ²1929. Vgl. das Vorwort zur zweiten Auflage von 1926 und Kapitel 2.

65 RAWLS, a. a. O. (Anm. 63), 14.

Die gleichberechtigte Koexistenz verschiedener Religionen und Weltanschauungen darf nicht zu einer Segmentierung führen. «Sie erfordert die Integration der Staatsbürger – und die gegenseitige Anerkennung ihrer subkulturellen Mitgliedschaften – im Rahmen einer geteilten politischen Kultur.»[66]

Die Erfahrung des religiösen Pluralismus verlangt nach einer staatlichen Rechtsgrundlage, die alle Religionsgemeinschaften und Weltanschauungen anerkennen können.[67] Das staatliche Recht darf nicht als Machtinstrument weniger verstanden werden, «sondern [soll] Ausdruck des gemeinsamen Interesses aller sein […], dieses Problem scheint, fürs erste jedenfalls, durch die Instrumente demokratischer Willensbildung gelöst, weil darin alle am Entstehen des Rechtes mitwirken»[68].

In diesem Sinne wünsche ich den Vertretern der Religionsgemeinschaften und der Staaten die Courage, Probleme in den Religionsgemeinschaften beim Namen zu nennen und himmelschreiende Ungerechtigkeiten auch in den Religionsgemeinschaften nicht einfach als gottgegeben hinzunehmen. Vor allem aber sollte ihre Symbolwirkung auf die «postsäkulare»[69] Öffentlichkeit nicht unterschätzt werden.

---

66 Jürgen HABERMAS, *Religiöse Toleranz als Schrittmacher kultureller Rechte*, in: DERS., *Zwischen Naturalismus und Religion*. Philosophische Aufsätze, Mainz 2005, 278.

67 Vgl. John RAWLS, *Die Idee eines übergreifenden Konsenses*, in: DERS., a. a. O. (Anm. 63), 219–265.

68 Joseph RATZINGER, *Was die Welt zusammenhält*. Vorpolitische moralische Grundlagen eines freiheitlichen Staates, in: DERS., *Werte in Zeiten des Umbruchs*. Die Herausforderungen der Zukunft bestehen, Freiburg i. Br. 2005, 30.

69 Der Begriff wurde in die öffentliche deutschsprachige Diskussion eingeführt durch Jürgen Habermas' Friedenspreisrede im Oktober 2001. Vgl. Jürgen HABERMAS, *Glauben und Wissen*. Friedenspreis des deutschen Buchhandels 2001, Frankfurt a. M. 2001. Kritisch dazu: Hans JOAS, *Braucht der Mensch Religion?* Über Erfahrungen der Selbsttranszendenz, Freiburg i. Br. 2004, 122–128. Der Begriff ist ein Problemindikator und ein Indiz, dass der religiös neutrale Staat nicht einer religiös neutralen Gesellschaft gegenübersteht, wie dies amerikanische Autoren schon länger betonen, so z. B. John Rawls oder José CASANOVA, *Public Religions in the Modern World*, Chicago/London 1994. Kritisch dazu: Klaus EDER, *Europäische Säkularisierung – ein Sonderweg in die postsäkulare Gesellschaft?* Eine theoretische Anmerkung, in: Berliner Journal für Soziologie 12 (2002) 331–343.

Asylpolitik im Zeitalter globaler Arbeitsmigration

Plädoyer für eine unverstellte Wahrnehmung

WERNER KRAMER

1. Asylpolitik – Streitpunkt zwischen «Religion» und «Politik»

Die Asylpolitik hat sich zu einem Streitpunkt entwickelt zwischen den Verantwortlichen der Religionsgemeinschaften und den Promotoren einer wiederholt verschärften Asylgesetzgebung in der Schweiz. Dies wurde deutlich im Vorfeld der jüngsten Volksabstimmung vom 24. September 2006 zur Revision des Asylgesetzes. Der Schweizerische Evangelische Kirchenbund SEK, die Römisch-Katholische Bischofskonferenz BK und der Schweizerische Israelitische Gemeindebund SIG haben sich – übrigens zusammen mit zivilgesellschaftlichen Institutionen wie die Gesellschaft Minderheiten in der Schweiz GMS und die Stiftung gegen Rassismus und Antisemitismus GRA sowie vielen anderen – gegen die Vorlage ausgesprochen. In der Volksabstimmung dagegen hat das Volk der Vorlage mit grossem Mehr zugestimmt.

Natürlich ist nicht alles auf dem Feld der Asylthematik strittig.
- *Nicht strittig* ist, dass die Asylthematik in der Schweiz und in den andern europäischen Ländern ein drängendes, hochkomplexes, schwieriges Problem darstellt, für das niemand eine Patentlösung hat, die Vertreter der Religion so wenig wie der Verfasser dieser Zeilen.
- *Nicht strittig* ist auch, dass auf alle Fälle diejenigen Personen als Flüchtlinge anerkannt und aufgenommen werden, die «in ihrem Heimatstaat [...] wegen ihrer Rasse, Religion, Nationalität, Zugehörigkeit zu einer bestimmten sozialen Gruppe oder wegen ihrer politischen Anschauungen ernsthaften Nachteilen ausgesetzt sind [...]» (Art. 3 AsylG), wie es das Asylgesetz formuliert.
- *Strittig* ist aber bereits die Reichweite der Asylthematik gemäss dieser Formulierung. Für die politischen Vertreter des Asylgesetzes genügt diese Formulierung zur Unterscheidung zwischen «echten» und «unechten» Asylsuchenden. Für die Vertreter der Religion sprengt die aktuelle Asylthematik diese enge, auf das traditionelle Feld eingegrenzte Definition der Asylgründe. Ihrer Sicht nach muss die Asylthematik im weitern Rahmen der Notlagen globaler Migration

situiert werden. Denn der Grossteil derer, die in der Schweiz ein Asylgesuch stellen, kommen aus vielfältiger ökonomischer, politischer, sozialer Not zu uns. Sie hoffen, sich durch Arbeit eine Möglichkeit des Lebens und Überlebens zu verschaffen, um dieser Not zu entfliehen. Eigentlich sind viele von ihnen Arbeitsmigrantinnen und -migranten aus besonders elenden, prekären Verhältnissen.

- *Strittig* ist zweitens die Art, wie Asylbewerberinnen und Asylbewerber wahrgenommen werden. Von politischer Seite werden sie negativ als unerwünschte Eindringlinge wahrgenommen, als «unechte Flüchtlinge», als «Wirtschaftsflüchtlinge». Sie stehen im Verdacht, unsere Grosszügigkeit zu missbrauchen. Aus Sicht der Religion sind sie Menschen in lebensbedrohender Not, die ein Anrecht auf humanitäre Würdigung haben.

- *Strittig* ist auch die Regelungstendenz für ihre Situation. Die herrschende Politik hat für konsequente Verschärfung des Asylgesetzes gesorgt. Mehr und mehr traten generelle Regeln mit automatischer Wegweisungswirkung an die Stelle der früheren Möglichkeit der Prüfung des Einzelfalles. In allem zeigt sich die Tendenz zur Abweisung. Die Vertreter der Religion dringen auf Differenzierung der Gesetzgebung entsprechend der vielfältigen Migrationsthematik. Sie plädieren für Unterstützung zur Integration in Wirtschaft und Gesellschaft und fordern eine Entwicklungspolitik und Entwicklungshilfe, die diesen Namen verdienen.

- *Strittig* ist schliesslich die Motivation, die hinter allem wirkt: Im Blick auf die Politik kann man von «Realpolitik» sprechen, von Staatsraison im Sinne des Nationalstaates, hinter der immer wieder fremdenfeindliche Mentalität zum Ausdruck kommt. Die Vertreter der Religion beziehen ihre Motivation aus der religiösen Grundlage und den entsprechenden sozialethischen Imperativen. Für sie sind Menschenwürde und Menschenrechte unveräusserlich.

Aufgrund dieser Lage der Dinge ist die Auseinandersetzung, der «Streit» unvermeidlich. Für die Vertreter der Religion ist der Widerstand von der Grundlage ihrer Religion her geboten. So drängt sich ein kurzer Blick auf die religiösen Grundlagen auf.

2. Religion als Grundlage und Verpflichtung

Alle fünf Weltreligionen berufen sich auf göttliche Guttaten, göttliche Heilstaten und leiten daraus die Verpflichtung zu entsprechendem ethischem Handeln ab. Schematisch kann das Verhältnis so formuliert werden: Aus dem religiösen Indikativ der göttlichen Heilstaten folgt der (sozial-) ethische Imperativ des entsprechenden Handelns. Die Grundtexte der christlichen Religion in der Bibel zeigen diesen Zusammenhang deutlich.

Zunächst im *Alten Testament*: Die Heilstaten Gottes sind die Schöpfung und der Bundesschluss mit seinem Volk Israel. Die daraus folgende Verpflichtung äussert sich in den Geboten. Etwa im Dekalog und in vielen immer wiederkehrenden konkreten Geboten:

- Du sollst deinen Nächsten lieben wie dich selbst.[1]
- Eine Witwe oder eine Waise sollt ihr nicht erniedrigen.[2]
- Einen Fremden sollst du nicht bedrängen und nicht quälen, seid ihr doch selbst Fremde gewesen im Land Ägypten.[3]

Nicht zu übersehen ist der besondere Akzent: Die Zuwendung zum Notleidenden, zu den Hilfsbedürftigen – denn Gott hat sich selbst euer in eurer Not angenommen.

Im *Neuen Testament* wird dieser Akzent zur allumfassenden Ausrichtung. Gottes Zuwendung, seine Liebe ist personifiziert in Jesus Christus. Diese Wirklichkeit der Liebe Gottes wird in den Evangelien «Reich Gottes» genannt. Dem Reich Gottes entspricht auf Erden der kategorische Imperativ der «Agape», der Nächstenliebe.

Du sollst deinen Gott lieben [...] und deinen Nächsten wie dich selbst.[4]

Das bedeutet: Mach die Not, die Bedürftigkeit des andern Menschen zum Kriterium deines Handelns. Das kommt in Geschichten und Gleichnissen von Jesus erzählerisch zum Ausdruck, in den Briefen (v. a. des Paulus und des Johannes) wird es argumentativ ausgearbeitet. In den Woren Jesu:

Was ihr einem dieser meiner geringsten Brüder [Schwestern] getan habt, das habt ihr mir getan.[5] Was ihr einem dieser Geringsten nicht getan habt, das habt ihr mir nicht getan.[6]

Dabei geht es konkret darum, Gefangene im Gefängnis zu besuchen, Fremde aufzunehmen, Hungernden Nahrung zu geben, Nackten Kleider.

Nehmet einander an, wie auch Christus euch angenommen hat.[7]

Dieser Zusammenhang ist massgebend für das christliche Leben und die christliche (Sozial-) Ethik, auch in der Asylthematik – oder erst recht in der Asylthematik. Denn da geht es doch um den Notleidenden, den «Geringsten».

---

1   Lev 19,18 (vgl. dazu auch die neutestamentlichen Parallelen).
2   Ex 22,21.
3   Ex 22,20.
4   Lk 10,27.
5   Mt 25,40.
6   Mt 25,45.
7   Vgl. Röm 15,7.

Hier ist ein häufiges Missverständnis zu klären: Das «Reich Gottes», die Wirklichkeit der Liebe Gottes ist immer etwas anderes als die Wirklichkeit dieser Welt. Denn die gesellschaftlichen Systeme dieser Welt haben ihre eigene Rationalität, ihre Eigengesetzlichkeit, ihre eigenen Interessenlagen. Zur Rationalität der Wirtschaft gehört z. B. die Notwendigkeit der Rendite, des Gewinns, zur Rationalität der Politik die Notwendigkeit des Machtmonopols des Staates. Diese Eigengesetzlichkeit kann nicht ausser Kraft gesetzt werden. Sie kann nicht durch Liebe ersetzt werden. Das zu wollen wäre naiv, utopisch, zum Scheitern verurteilt.

Christliche (Sozial-) Ethik achtet auf die Eigengesetzlichkeit der gesellschaftlichen Systeme wie etwa Wirtschaft, Politik, Wissenschaft. Sie akzeptiert aber die konkreten Ausprägungen dieser Eigengesetzlichkeit nicht als absolute, unveränderbare, zwingende Grössen. Sie fordert konkrete Ausprägungen der Eigengesetzlichkeit, welche die Würde der Menschen respektieren, die gerechtere Verhältnisse schaffen, die vorhandene Not lindern und setzt sich selbst dafür ein.

Vertreter der Religion wenden sich gegen die gegenwärtige Asylpolitik der Verschärfung, weil die Ausprägung der inhärenten Eigengesetzlichkeit die Würde der Menschen verletzt und aufgrund der christlichen religiösen Grundlagen und der entsprechenden ethischen Ausrichtung nicht mehr vertretbar ist. Dies soll nun in der kritischen Durchsicht der gegenwärtigen Asylpolitik dargestellt werden.

3. Kritische Wahrnehmung gegenwärtiger Asylpolitik

Verschärfung kennzeichnet alle Revisionen der Asylgesetzgebung, besonders die jüngste vom 24. September 2006, die auf den 1. Januar 2008 in Kraft getreten ist.

Ich weise auf vier ausgewählte Verschärfungen hin.

1. Verschärfung betr. den Zugang zum Verfahren: Nichteintreten, wenn nicht innert 48 Stunden nach Ankunft die gültigen Ausweispapiere vorgelegt werden können (AsylG Art. 32.2a). Das bedeutet eine geschlossene Türe. Differenziert wird nicht wirklich nach Gründen des Fehlens der gültigen Ausweispapiere.
2. Verschärfung betr. Aufenthaltsbewilligung: Automatische Verweigerung z. B. nach Straffälligkeit, ohne Prüfung des konkreten Falles (AsylG Art. 60.2a). Früher wurde der Einzelfall nach Verbüssung der Haft nochmals geprüft. Jetzt wird die Aufenthaltsbewilligung bei der Verurteilung generell entzogen. Nach der Haftentlassung wird der Betreffende automatisch ausgeschafft.
3. Verschärfung der Zwangsmassnahmen nach einer Ablehnung des Gesuchs. Vorbereitungs- und Ausschaffungshaft wird verlängert auf insgesamt 24 Monate, auf 12 Monate für Minderjährige von 15–18 Jahren (AuNG Art. 13h). Das

Zweite verstösst gegen die Kinderrechte, das Ganze gegen die internationalen Vereinbarungen.

4. Verschärfung der Begrenzung der Lebensmöglichkeit Abgewiesener: Sozialhilfe wird gestrichen, lediglich Möglichkeit von Nothilfe, d. h. pro Tag ein Einkaufsgutschein von 10 CHF, Übernachtungsmöglichkeit ausschliesslich in einer Asylunterkunft, selbst mit Frau und Kindern (AsylG 82,1f.). Diese Verschärfung soll den Abgewiesenen das Leben hier verleiden oder verunmöglichen.

Insgesamt zeigt dies: Asylsuchende sind unerwünscht. Sie sind ja in aller Regel «Fremde» aus fremden Kulturen, Ethnien, Religionen, mit uns fremden Mentalitäten. Sie werden als potentielle «Sozialschmarotzer» angesehen, die darauf aus sind, von unserem Wohlstand zu profitieren. Fremdenfeindliche Reflexe in weiten Teilen der Bevölkerung kommen an die Oberfläche und werden von populistischer Stimmungsmache durch Rechtsparteien ausgenutzt und aufgeputscht. Es ist selbstverständlich, dass sich Vertreter der Religion gegen diese Strömungen und die Verschärfung des Asylgesetzes zur Wehr setzten.

Seit dem Inkrafttreten der letzten Revision zeigt sich: Die *Verschärfung verfehlt ihre beiden Ziele*:

Die Abgewiesenen und auf Nothilfe Zurückgestutzten sind nicht im erwarteten Ausmass ausgereist. Und der Zustrom von neuen Asylbewerbern konnte nicht vermindert oder gar gestoppt werden.

Zwar wurde in diesem Sommer nach sieben Monaten Geltung des neuen Asylgesetzes z. B. vom Leiter des Sozialamtes des Kantons Zürich eine positive Bilanz gezogen. Seine Argumente: Sie hätten zu Beginn des Jahres für 1'200 Nothilfefälle budgetiert, es hätten sich aber nur 600 Personen für Nothilfe gemeldet. Das zeige, dass die andern Erwarteten ohne Abmeldung still ausgereist seien.

Das Schweizerische Rote Kreuz und die Anlaufstellen für Sans-Papiers zeichnen ein anderes, realistischeres Bild: Sie stellen in den ersten sieben Monaten dieses Jahres eine Verdoppelung der Zahl der Ratsuchenden fest, d. h. 300 Personen mehr als im Vorjahr. Das bedeutet, dass ein grosser Teil der Abgewiesenen weder ausgereist ist noch sich für Nothilfe gemeldet hat. Viele betrachten offenbar das Abtauchen in die Illegalität für sich als bessere Lösung. Sie bleiben in privaten Unterkünften und versuchen sich mit ungemeldeten Arbeiten durchzuschlagen.

Natürlich ist dies eine höchst prekläre Situation in rechtlicher, ökonomischer und sozialer Hinsicht. Aber dadurch kommt zweierlei zum Ausdruck: Selbst diese höchst prekäre Situation wird der Rückreise ins Herkunftsland mit seinem Elend und der Lebensbedrohung bei Weitem vorgezogen. Das Zweite: Offenbar existieren in unserem Lande Möglichkeiten, sich als «Untergetauchte», als Sans-Papiers mit irgendwelchen Arbeiten über Wasser zu halten.

Auch das zweite Ziel wurde verfehlt. Der Zustrom neuer Asylbewerberinnen und Asylbewerber konnte weder verringert noch gestoppt werden. Das Jahr 2008 brachte eine deutliche Zunahme. Im ersten Halbjahr stieg die Zahl gegenüber dem Vorjahr um 353 Gesuche. Das sind 6,3% mehr. Das Bundesamt für Migration rechnet bis Ende 2008 mit einer Zunahme um 3'000 von 10'000 auf 13'000, also von 30%. Mehr Zuwanderer stammen aus den akuten Notgebieten Afrikas Eritrea, Somalia, Nigeria, aber auch aus Sri Lanka und Irak. Dies zeigt, dass Abnahme oder Zunahme der Bewerberzahlen nicht abhängen von schärferen oder lockereren Bestimmungen, sondern von der lebensbedrohenden Not in den Herkunftsgebieten.

Wie geht es weiter, wenn die jüngste Verschärfung des Asylgesetzes ihr Ziel verfehlt hat? Im Sinne der bisherigen Verschärfungslogik ist eine weitere Verschärfung zu befürchten. Weit sinnvoller wäre ein realitätsbezogenes Nachdenken, das die Asylthematik wahrnimmt als das, was sie ist: ein Aspekt, ein Teilbereich der globalen Arbeitsmigration.

4. Für eine umfassende Wahrnehmung der globalen Arbeitsmigration

In der Schweiz gibt es gerufene und ungerufene, erwünschte und unerwünschte Arbeitsmigrantinnen und Arbeitsmirganten. Sie sind eine Folge der Globalisierung der Wirtschaft. Durch die Globalisierung der Wirtschaft wurde *die ganze Welt zum potentiellen Rekrutierungsfeld von Arbeitskräften*. Ebenso wurde *die ganze Welt aber auch zu einem Feld der potentiellen Existenz- und Arbeitssuche* für Menschen aus Elends-, Mangel- und Notgebieten dieser Erde.

Die Politik trägt der Situation Rechnung durch Verträge und Rechtsetzung. Zum Beispiel durch das Schaffen von *Freizügigkeitszonen*. Die EU konstituierte sich als eine solche Freizügigkeitszone. Die Schweiz hat durch die bilateralen Verträge daran Anschluss gefunden. Innerhalb der Freizügigkeitszone gilt der Grundsatz: Wer einen Arbeitsplatz findet, kann ungehindert immigrieren.

Für *Hochqualifizierte* gibt es keine Grenzen von Freizügigkeitszonen: Sie können in der ganzen Welt, auch in Schwellen- und Drittweltländernd als Arbeitskräfte für die erste Welt rekrutiert werden. Für *Unqualifizierte oder wenig Qualifizierte* gilt dies auf gar keine Weise. Für Personen von ausserhalb der EU gibt es keine Möglichkeit der Arbeitsimmigration. Der Grund: Es gebe keine entsprechenden Arbeitsplätze für wenig Qualifizierte. Sie müssten von unseren Sozialnetzen aufgefangen werden und seien nur Last, nicht Nutzen. Diese immer wiederholte Behauptung entspricht nicht der tatsächlichen Situation, wie die Realität der hier lebenden Sans-Papiers beweist.

Die *Sans-Papiers sind Indikator* eines existierenden, aber verdrängten Arbeitsmarktes. Natürlich gibt es für Sans-Papiers keine offiziellen gesamtschweizerischen Statistiken. Aber durch das Schweizerische Rote Kreuz und vor allem durch die Anlaufstellen für Sans-Papiers haben wir zuverlässige Angaben. Im Umkreis von Basel wurde im Jahr 2004 eine seriöse Erhebung durchgeführt, die zu erhellenden Ergebnissen geführt hat. Aus ihr und anderen Publikationen greife ich vier Angaben heraus:

1. Wieviele Sans-Papiers gibt es in der Schweiz?
   • Region Basel (2004): 5'000–10'000 Personen
   • Schweiz (2008): ca. 240'000 Personen (PK Beratungsstelle Bern 11.6.08)

240'000 zumeist abgelehnte Aylsuchende, daneben eine gewisse Zahl ehemaliger Saisonniers, die geblieben sind. 240'000: Das sind rund 15 % aller in der Schweiz lebenden Ausländerinnen und Ausländer. Da lohnt es sich aus menschlichen, ökonomischen und sozialen Gründen hinzusehen und konstruktive Schlüsse zu ziehen.

2. Was arbeiten Sans-Papiers?
Sie putzen, glätten, arbeiten im Haushalt, im Garten, sie hüten und begleiten Kinder, betreuen Ältere und Behinderte, arbeiten bei Bauern, in Restaurants, auf Baustellen. Ausser den Letztgenannten gehören diese Arbeiten in den Bereich der sogenannten *Subsistenzwirtschaft.* Sie sind sind notwendig, um die Gesellschaft zu unterhalten und in die Zukunft hinein zu erhalten. Sie wurden traditionellerweise im Rahmen der Familien und Grossfamilien geleistet, unbezahlt, in aller Regel durch die Frauen. Diese Verhältnisse haben sich weitgehend verändert durch die Entwicklung der Emanzipation der Frauen und durch die demoskopische, gerontologische Entwicklung. Frauen und Mütter sind berufstätig, die höhere Lebenserwartung führt zu einer sich verlängernden Phase der begrenzten Selbständigkeit, in der man über eine immer längere Zeit auf gewisse Unterstützung angewiesen ist. So entstehen notwendig Arbeitspensen. Es braucht Arbeitskräfte von ausserhalb der Familien, die bezahlt werden müssen. Offenbar sind viele Sans-Papiers, Frauen und Männer für solche Arbeit gesucht und geeignet, auch wenn sie in einem professionellen Sinne nicht als Hochqualifizierte gelten können. Oft sind sie aber aufgrund ihrer Herkunft und der Sozialisierung in einfachen und familiär strukturierten Verhältnissen und durch die Notwendigkeit, das Leben mit den eigenen Händen und der Körperkraft zu meistern, gerade für die zu leistende Arbeit sehr qualifiziert.

3. Welche Pensen arbeiten sie?
  - Teilzeitpensen, z. B. arbeiten 60 Frauen in 300 Haushalten (Basel-Stadt 2004).

Viele Frauen erledigen hausfrauliche Arbeiten in Teilzeitpensen in mehreren Haushalten, wie wir dies auch von andern Arbeitsmigrantinnen und Arbeitsmigranten kennen.

4. Wie werden Sans-Papiers entschädigt?
  - Am besten im Haushalt, Durchschnitt 19.50 CHF/Std. (Basel-Stadt 2004).
  - Am schlechtesten in der Gastronomie, Durchschnitt 7.90 CHF/Std. (Basel-Stadt 2004).

Der Durchschnitt der Entschädigungen in der Gastronomie spiegelt den nicht regulierten Arbeitsmarkt und damit die prekäre Situation der rechtlosen, ausgenützten Sans-Papiers.

Insgesamt ist festzustellen: Es existiert ein verdrängter Arbeitsmarkt, v. a. im Segment Subsistenzarbeit. Er liegt zu einem bedeutenden Teil in der Illegalität und der Irregularität. Dies führt zur Erkenntnis: Das Arbeitssegment und die betreffenden Menschen sind aus dem Dunkel der Illegalität und Irregularität herauszuheben. Vorstösse in dieser Richtung wurden von verschiedener Seite unternommen, fanden aber in Bundesbern kein Gehör. Auch nicht eine offizielle Eingabe des Staatsrates des Kantons Genf vor wenigen Jahren. Verschiedene Möglichkeiten des Vorgehens wurden diskutiert: Generelle Regulierung, gruppenweise Regulierung, Regulierung lediglich von Einzelnen. Nichts hat aber einen entsprechenden Effort ausgelöst.

5. Minute de la vérité – Umdenken ist nötig

Was ergibt sich aus all den gemachten Beobachtungen im Bereich Asylsuche und Arbeitsimmigration? Wir sollten sie im Sinne einer *minute de la vérité* ungeschminkt wahrnehmen und ein Umdenken einleiten. Die folgenden Punkte zeigen, in welcher Richtung dieses gehen sollte:
1. Unser traditioneller eng gefasster Flüchtlingsbegriff ist nur im Blick auf die vergleichsweise kleine Gruppe von direkt an Leib und Leben gefährdeten Menschen sinnvoll. Selbst im Blick auf diese Gruppe ist die scheinbare Eindeutigkeit rasch überfordert. Dies zeigt die gegenwärtige Diskussion darüber, ob Deserteure und Dienstverweigerer aus Eritrea wirklich als Flüchtlinge gelten können.

2. Die Not der grossen Zahl von Asylsuchenden ist ein Syndrom von wirtschaftlichem, politischem, sozialem, existenzbedrohendem Elend. Dementsprechend wäre es zutreffender, die «Asylgesuchsteller» als durch schwere Not getriebene spezielle Gruppe von meist wenig qualifizierten Arbeitsmigrantinnen und -migranten anzusehen.

3. Für diese grosse Zahl von Bewerbern ist das Asylgesetz kein angemessenes Instrument. Nötig wäre Rechtsetzung, deren Regeln auf die Problematik dieses Teils der Arbeitsmigration zugeschnitten wären.

4. Zu denken wäre an ein Gesetz, welches das ganze Feld der Arbeitsimmigration in Zusammenhang und Differenzierung ins Auge fassen würde oder ein umfassendes Einwanderungsgesetz. In diesen Bereichen stellen sich die entsprechenden Probleme heute. Mit einer Serie von Verschärfungen des Asylgesetzes laboriert man an Fragen eines Teilgebiets herum.

5. Natürlich stellen sich für eine solche das Ganze ins Auge fassende Gesetzgebung viele schwierige Fragen. Man käme bestimmt nicht um das Festlegen von Quoten/Kontingenten und von Schwerpunktgebieten der Not-Arbeitsmigration herum. Diese müssten in Zeitabschnitten von wenigen Jahren immer neu festgelegt werden und sich flexibel auch nach der Beschäftigungslage in der Schweiz richten.

6. Ein Vorzug solcher Gesetzgebung bestünde darin, dass die analogen Regeln für alle Kategorien der Arbeitsmigration gälten, für Hochqualifizierte wie für wenig Qualifizierte. Diese liefen entlang der Linie von Regelungen betreffend Arbeitsplatz, Einreise, Aufenthalt, Arbeitsrecht.

7. Sicher wären damit nicht automatisch alle Fragen gelöst. Aber es bestünde der Vorteil, dass klare und positive Möglichkeiten schaffende Regelungen öffentlich gemacht werden könnten und damit wohl eine gewisse steuernde Wirkung erzielt würde.

8. Aus ethischer Sicht wäre positiv, dass solche Regelungen bezogen auf die Not der Arbeitsmigrantinnen und Arbeitsmigranten gerechter sind und den ökonomischen Gegebenheiten besser entsprechen.

9. So entstünden Lösungen, die ihrerseits zwar auch nicht perfekt sind und nicht das Reich Gottes auf Erden verwirklichen. Aber in der Perspektive «Reich Gottes» und «Agape» entsprechen sie der Grundlage christlicher Religion und den Kriterien christlicher (Sozial-) Ethik besser, sodass sie für christliche Religionsvertreter rezipierbar sind. So würde aus dem Streitfall Asylpolitik ein Kooperationsbeispiel Immigrationspolitik.

6. Thesen zu einer menschenwürdigen Asylpolitik, die einer christlich-theologischen Reflexion besser standhält

1. Not und Würde von Asylbewerbern sind im Rahmen einer christlichen Wahrnehmung von Staat, Wirtschaft und Politik ebenso normgebende Grössen wie das eigene Streben nach Wohlstand, nach homogenen gesellschaftlichen Verhältnissen und nach Wahrung der eigenen Traditionen.
2. Weiterführung und Verschärfung gegenwärtiger Asylpolitik und -gesetzgebung ist unsachgemäss, latent fremdenfeindlich, verletzt die Menschenwürde und löst das Problem nicht.
3. Der überkommene Flüchtlingsbegriff: «Personen, die in ihrem Heimatstaat […] wegen ihrer Rasse, Religion, Nationalität, Zugehörigkeit zu einer bestimmten sozialen Gruppe oder wegen ihrer politischen Anschauungen ernsthaften Nachteilen ausgesetzt sind […]» ist nach wie vor aussagekräftig und verdient Beachtung. Er wird aber den Nöten und Motiven nicht gerecht, die viele «Asylsuchende» an unsere Grenzen führen.
4. «Asylsuchen» (aus vielfacher Not Aufnahme in einem andern Land suchen) ist Teil der globalen Arbeitsmigration unseres Zeitalters. Sinnvolle Problemlösung folgt der entsprechenden wirtschaftlichen (ökonomisch, sozialen) Rationalität (Angebot – Nachfrage, Arbeitsplatz – Aufenthaltsbewilligung).
5. Die strikte Trennung von Asylthematik, Arbeitsimmigration, Ausländerfragen und Freizügigkeit ermöglicht zwar ein *divide et exclude!* (teile und schliesse aus!) und kann innenpolitisch wirksame Kampagnen fördern, ist aber kein wirklicher Beitrag an eine umfassende und gerechte Lösung.
6. Die grosse Zahl von Sans-Papiers in der Schweiz ist die Folge einer unsachgemässen, einseitig restriktiven Asylpolitik und Indikator ihrer Untauglichkeit. Ihre schrittweise Regularisierung ist zwingend und ein wesentlicher Schritt zu einer ergänzten integralen Arbeitsmigrationspolitik.
7. Subsistenzwirtschaft ist ein zu wenig wahrgenommenes Segment der Wirtschaft. Sie gewinnt durch die gesellschaftlichen Entwicklungen unseres Zeitalters (z. B. Berufstätigkeit der Frau und Mutter: Haushalt, Hauswirtschaft, Gartenpflege, Begleitung der Kinder; zunehmendes Alter: Begleitung, Betreuung, Pflege) an Bedeutung und ist zum Schutz der entsprechenden Arbeitnehmer zu regeln.
8. «Arbeiten und immigrieren darf, wer einen Arbeitsplatz findet.» Dieser Grundsatz gilt für alle Arbeitsmigrantinnen und Arbeitsmigranten.

Kirche und Sozialpolitik

Stellungnahme und persönliche Erfahrungen

Josef Bruhin

Die Sozialbilanz der beiden grossen Kirchen allein im Kanton Zürich ist beeindruckend: 3'600 Personen auf 1'500 Vollstellen, 40'000 Freiwillige leisten Arbeit im Wert von 50 Millionen Fr., in den Budgets der Kirchen werden 150 Millionen Fr. für Seelsorge, Diakonie, Bildung und Kultur eingesetzt und die Spenden machen 11 Millionen Fr. aus (1999). Wenn der Pastoralplan für das Generalvikariat Zürich/Glarus aus dem Jahre 1999 «die diakonische Gemeinde» als Zielorientierung vorgibt, dann kann auf vielem, bereits Bestehendem aufgebaut werden. «Das glaubwürdigste und allen Menschen verständlichste Zeugnis für die Frohbotschaft des Evangeliums und für das Nahen des Gottesreiches ist heute der Dienst am Mitmenschen, die Diakonie. In einer Gesellschaft, die weitgehend wieder zum Missionsgebiet geworden ist, müssen sich das kirchliche Leben und die kirchliche Verkündigung erneut durch die Taten der Diakonie als glaubwürdig erweisen.» Kirchliche Sozialarbeit in diesem Sinne wird kaum zum Streitpunkt.[1]

Umstritten sind hingegen sozialethische Stellungnahmen der Kirchenleitungen, erfolgen sie nun getrennt oder ökumenisch gemeinsam, ferner Positionsbezüge ihrer Organe wie Justitia et Pax, Caritas oder Fastenopfer, und auf evangelischer Seite des Institutes für Sozialethik des Schweizerischen Evangelischen Kirchenbundes, des HEKS oder von Brot für alle. Genannt seien Themen wie z.B. Finanzplatz Schweiz, Arbeitslosigkeit, Zukunft der sozialen Sicherheit, Gesundheit oder Sonntagsarbeit. Ähnliche Positionsbezüge aus dem Umfeld sogenannter «neuer Religiosität» sind mir nicht bekannt, denn noch steht dort zu sehr die Person und weit weniger die Gesellschaft im Vordergrund.

---

1   Vgl. Generalvikar des Bistums Chur in Zürich/Römisch-katholische Zentralkommission des Kantons Zürich, *Für eine lebendige und solidarische Kirche*. Arbeitspapier für die Seelsorge im Kanton Zürich, Zürich 1999.

1. Christliche Weltsicht

Die religiöse Landschaft in der Schweiz wird immer vielfältiger und damit auch das Verständnis von Welt, Staat und Politik. Ein Hindu, ein Buddhist sieht seine Aufgabe der Welt und der menschlichen Gesellschaft gegenüber wohl anders als ein Christ, ein Jude oder ein Muslim. Doch auch unter uns Christen gibt es eine ziemliche Bandbreite, z. B. zwischen der Befreiungstheologie und der eher platonischen Weltsicht Benedikts XVI. Darum kurz meine Position, über die wir dann durchaus streiten können.

Gemäss der Predigt Jesu ist das Reich Gottes nicht etwas rein Jenseitiges und Zukünftiges, sondern soll jetzt schon in dieser unserer Welt, hier und jetzt anfanghaft verwirklicht werden. Es zielt auf die jetzt schon zu verändernden irdischen Verhältnisse ab. Hätte Jesus nur ein jenseitiges Reich gepredigt und nicht eine neue Menschenwelt, so wäre er nicht beseitigt worden. Darum ist das Evangelium kein Anwalt des Status quo: «Das Reich Gottes begegnet in der Verkündigung Jesu als ethische Macht, welche die Welt umgestaltet und den Menschen an dieser Umgestaltung beteiligt.»[2]

So liegt im Christentum ein unerschöpfliches dynamisches Potential. Die Welt ist nicht das Wartezimmer, sondern der Bau- und Kampfplatz für das Reich Gottes. Da sind die Weltbilder der grossen asiatischen Religionen Indiens (Hinduismus: Kastenwesen und Wiedergeburtslehre) und Chinas (das Gleichgewicht der Kräfte und die Harmonie) und auch des Buddhismus doch wohl anderer Natur.

2. Kirchliche Verkündigung heute

Wie die Kirchen heute die Botschaft Jesu umzusetzen versuchen, lässt sich beispielhaft aus den ökumenischen Konsultationsprozessen der Kirchen in den deutschsprachigen Ländern ablesen. Zu diesen waren nicht nur alle Gläubigen eingeladen, sondern auch die wirtschaftlichen, politischen und kulturellen Akteure sowie viele andere gesellschaftliche Gruppierungen. Sie alle wurden gefragt, wie aus christlicher Sicht die Zukunft des jeweiligen Landes gestaltet werden solle. Die Ergebnisse finden sich in den von den Kirchenleitungen approbierten Schlussdokumenten: «Wort der Kirchen: Miteinander in die Zukunft» (Schweiz), «Für eine Zukunft in Solidarität und Gerechtigkeit» (Deutschland) und «Sozialhirtenbrief der Katholischen Bischöfe

---

2   Gerd THEISSEN/Annette MERZ: *Der historische Jesus*, Göttingen 1996, 312.

Österreichs».[3] Die um die hundert Seiten starken Dokumente können für viele Fragen auch heute noch wegweisend sein.

Stellvertretend zitiere ich aus dem Wort der deutschen Kirchen von 1997: «Die Kirchen treten dafür ein, dass Solidarität und Gerechtigkeit als entscheidende Massstäbe einer zukunftsfähigen und nachhaltigen Wirtschafts- und Sozialpolitik allgemeine Geltung erhalten. Sie sehen es als ihre Aufgabe an, in der gegenwärtigen Situation auf Perspektiven des christlichen Glaubens für ein humanes Gemeinwesen, auf das christliche Verständnis vom Menschen und auf unveräusserliche Grundwerte hinzuweisen. Solidarität und Gerechtigkeit sind notwendiger denn je [...] Dem Egoismus auf der individuellen Ebene entspricht die Neigung der gesellschaftlichen Gruppen, ihr partikulares Interesse dem Gemeinwohl rigoros vorzuordnen. Manche würden der regulativen Idee der Gerechtigkeit gern den Abschied geben. Sie glauben fälschlich, ein Ausgleich der Interessen stelle sich in der freien Marktwirtschaft von selbst ein. Für die Kirchen und Christen stellt dieser Befund eine grosse Herausforderung dar. Denn Solidarität und Gerechtigkeit gehören zum Herzstück jeder biblischen und christlichen Ethik.» (Nr. 2)

Gleichzeitig wird in der Einführung betont, dass die Kirchen nicht selbst Politik machen wollen, sie wollen Politik möglich machen. Die Kirchen sind nicht politische Partei. Sie achten mit dem Konzil die Autonomie von Politik und Wirtschaft. Diese Autonomie ist aber keine absolute, sondern nur eine relative, sie unterliegt einer höheren Wertordnung. Das Evangelium nur im privaten (seelsorglichen) Bereich, nicht aber im wirtschaftlichen und politischen Bereich zur Geltung zu bringen, wäre geistliche Schizophrenie. Die Kirchen betrachten es als ihre besondere Verpflichtung, dem Anliegen jener Gehör zu verschaffen, die sich selbst nicht wirksam artikulieren können, der Armen, der Benachteiligten und Machtlosen, auch der kommenden Generationen und der stummen Kreatur. Sie wollen auf diese Weise die Voraussetzungen für eine Politik schaffen, die sich an den Massstäben der Solidarität und Gerechtigkeit orientiert. (Vgl. Nr. 4)

Wie Kirchen ganz auf die ihnen eigene Art Politik möglich machen könnten, darauf verwies neulich der Zürcher Stadtrat und Finanzdirektor Martin Voll-

3 Kirchenamt der Evangelischen Kirche in Deutschland/Sekretariat der Deutschen Bischofskonferenz (Hg.), *Für eine Zukunft in Solidarität und Gerechtigkeit*. Wort des Rates der Evangelischen Kirche in Deutschland und der Deutschen Bischofskonferenz zur wirtschaftlichen und sozialen Lage in Deutschland, Hannover/Bonn 1997. Sekretariat der Österreichischen Bischofskonferenz (Hg.), *Sozialhirtenbrief der katholischen Bischöfe Österreichs*. Der Mensch ist der Weg der Kirche, Wien 1990. Schweizerischer Evangelischer Kirchenbund/Schweizerische Bischofskonferenz (Hg.), *Ökumenische Konsultation zur sozialen und wirtschaftlichen Zukunft der Schweiz*. Wort der Kirchen – Miteinander in die Zukunft, Bern/Fribourg 2001.

enwyder. Er meinte, dass in der Schweiz viele Bevölkerungsschichten nicht mehr miteinander, sondern nur noch übereinander redeten. Es gebe keine vertikale Integration mehr. In den Kreisen, die nicht so viel verdienen, spreche man über die Vielverdiener. Umgekehrt entwickelten die Reichen Vorstellungen, wie die Sozialleistungen zu gestalten wären. Auf beiden Seiten tue man es ohne konkrete Erfahrung. Deshalb wäre es seiner Ansicht nach eine Aufgabe der Religionen, dass sie die Menschen zusammenführen, so dass sie wieder miteinander sprechen, über alle Gräben hinweg.

3. Form und Stil

Die Worte der Kirchen, welche die wichtigsten Fragen der gesellschaftlichen Entwicklung aufgreifen, sind aufgrund des sehr breiten Konsultationsprozesses eher kompromissoffene Denkschriften als Kampfschriften oder Manifeste, auch wenn es ihnen keineswegs an klaren Positionsbezügen mangelt.[4] Aber im Allgemeinen waren die Stellungnahmen der Kirchen offenbar doch zu sehr «eingebettet» und ausgeglichen, da Karl Kardinal Lehmann schon nach einem Monat sagen musste, die Schrift sei von allen Seiten totgelobt und damit die Debatte um die Grundwerte weggeschoben worden. Ähnliches liesse sich sagen zum Schweizer Papier, das – soweit ich sehe – wenig benutzt wird und kaum Wirkung entfaltet.

Der frühere Chefredaktor des reformierten Zürcher Kirchenboten, Hans Heinrich Brunner, hatte wohl recht, wenn er sagte: «Die viel gerühmte Ausgewogenheit ist kein christliches Ideal und noch weniger ein göttliches Gebot – die Kirche wäre längst in Asche und Staub versunken, hätten in ihr nicht zu allen Zeiten Menschen Partei genommen, wie Jesus es tat: für die Sache Gottes unter den Menschen; für die Menschen gegen die Mächte der Unmenschlichkeit.» In der gleichen Stossrichtung hat der bekannte Zürcher Sozialethiker Arthur Rich von «Axiomen mittlerer Reichweite» gesprochen. Nur von allgemeinen Prinzipien wie Liebe und Gerechtigkeit zu reden, bringe den Kirchen bei sozialethischen Forderungen keinen Erfolg. Da ihnen im Normalfall das direkte Eingreifen in die Politik untersagt ist, gelte es, die Prinzipien so weit auf die anstehende Problemlage hin zu konkretisieren und anzuschärfen, dass sie zu einer Stellungnahme herausfordern.

---

4 Dies zeigt sich etwa am sog. Impulspapier «Das Soziale neu denken», das 2003 von einer Kommission der Deutschen Bischofskonferenz dem Wort der Kirchen nachgeschoben wurde, um neoliberalem Gedankengut im Reden der Kirchen mehr Gewicht zu verschaffen.

4. Umsetzung und Akteure

Als Schwäche der Katholischen Soziallehre hat man schon immer beklagt, dass in ihren Dokumenten Ross und Reiter nicht benannt werden, d. h. wer vertritt, arbeitet und kämpft nun für die erhobenen Forderungen in der Politik, in der Gesellschaft und in der Kirche selbst. Politik und Wirtschaft haben mit Ausnahmen die Tendenz, rasch wieder zur Tagesordnung überzugehen, die kleinen und grösseren Gruppen in der Gesellschaft, die sich aktiv einsetzen, reichen nicht aus, um grössere Veränderungen herbeizuführen. Wo sind die Transmissionsriemen der Kirchen, um ihre Lehre Wirklichkeit werden zu lassen? Selbstverständlich leisten Caritas und HEKS mit ihrer tagtäglichen Arbeit für die Armen und Benachteiligten und mit ihren sozialkritischen Analysen schon viel, genauso wie Fastenopfer oder Brot für alle. Auch gibt es manche kirchlichen und zivilgesellschaftlichen Gruppen, die Postulate der Kirchen aufgreifen und sich für sie einsetzen. All dies ist aber offenkundig zu wenig, wenn wir uns vor Augen halten, wohin wir in der heutigen, fast allein vom Kapital beherrschten Welt geraten sind. Was ist aus dem Grundprinzip von Papst Johannes Paul II. geworden, der vom «Primat der Arbeit und des Menschen vor dem Kapital» gesprochen hatte? Es ist leider Utopie geblieben. Soll die Hoffnung Sinn machen, dass die gegenwärtige Finanzkrise uns vom Primat der Ökonomie befreit und uns zurückführt zum Primat von Politik und Allgemeinwohl, dann wird dies nicht von selbst geschehen, sondern dafür muss gekämpft werden.

Ein Beispiel: In den USA gab es im letzten Wahlkampf eine bemerkenswerte und vor allem nachahmenswerte zivilgesellschaftliche Kampagne. Mehrere in sozialen Fragen engagierte katholische Gruppen haben eine Bewegung ins Leben gerufen mit dem Leitwort «Der Glaube kann Berge versetzen. Für das Gemeinwohl stimmen.» Die Kampagne startete mit einem Konvent von mehr als 800 Katholiken, der eine «Plattform für das Gemeinwohl» verfasste, die den beiden Präsidentschafts-Kandidaten sowie allen politischen Parteien zugestellt wurde. Mehrere tausend Katholiken in 40 Staaten haben ihre Unterstützung zugesagt. Die Homepage bietet einschlägiges Unterrichts- und Informationsmaterial und gibt Unterstützung für Presse- und Öffentlichkeitsarbeit vor Ort. Initiiert wurde das Unternehmen von «Catholics in Alliance for the Common Good» und «NETWORK. A national Catholic Social Justice Lobby».

5. Persönliche Erfahrungen in drei Gremien

Aus meinen persönlichen Erfahrungen mit kirchlichen «Akteuren» führe ich hier nur sehr verkürzt und beispielhaft das an, was belegt, wie schwierig es sein kann, christliche Soziallehre nach aussen zu tragen.

- *Justitia et Pax* (Mitglied 1986–1998): Die Frage war ständig im Raum: Ist diese Kommission ein reines Studien- und Beratungsorgan der Bischöfe oder sollte sie nicht auch (oder eher) ein kirchliches Kampagnenorgan sein, um zu helfen, die erhobenen Forderungen durchzusetzen? Leider war dies nur selten der Fall. Am ehesten noch bei vorrangig «kirchennahen» Themen wie Sonntagsarbeit, Ehe- und Familiengesetzgebung, Humanbiologie. Sonst wünschte man sich Justitia et Pax vordringlich als blosses Beratungsorgan der Bischofskonferenz. Deshalb wurden die Arbeiten und Vorschläge der Kommission auch viel zu wenig im öffentlichen Raum der katholischen Kirche zur Sprache gebracht und lösten so keine entsprechenden Initiativen aus. Gefehlt hätten natürlich auch die notwendigen Finanzmittel, da bekanntlich in der Schweiz die Kirchensteuergelder nur äusserst zäh von der Gemeindeebene auf die nationale Ebene gelangen. Auch fiel mir auf, wie der ständige Druck aus Politik (CVP) und Wirtschaft zu einer fortlaufenden Suche nach Kompromissen führte.
- *Fastenopfer* (Präsident der Theologischen Kommission 1994–2003): Im Gegensatz zu Justitia et Pax soll das Fastenopfer Kampagnen durchführen, um das Bewusstsein und das Handeln der Einzelnen und der Gesellschaft im Hinblick auf die armen Menschen und Gesellschaften zu verändern. Trotzdem kam immer wieder massive Kritik aus der Politik. Deshalb wurden dem Hilfswerk Grenzen gesetzt. Es sollte ausschliesslich zu Fragen Position beziehen, die unmittelbar seine Arbeit betreffen, nicht aber zu weiteren Fragen der Gesellschaftsentwicklung in der Schweiz. Um so bemerkenswerter ist es, dass Alliance Sud (Die Arbeitsgemeinschaft der Hilfswerke Fastenopfer, Caritas, Brot für alle, HEKS, SWISSAID und Helvetas) vom Bundesrat bei ihrem 30-Jahr-Jubiläum 2001 als das unverzichtbare «entwicklungspolitische Gewissen des Bundes» bezeichnet wurde.
- *Gesprächskreis Kirche – Wirtschaft* (Mitglied 1986–2003). Dieser Kreis ist eine inoffizielle Gruppe von führenden Vertretern aus Kirche und Wirtschaft, gegründet 1975, um im persönlichen Gespräch offen über anstehende Fragen ihrer Verantwortungsbereiche zu diskutieren. Ich erwähne drei Erfahrungen: Eine erste war die Erarbeitung einer kleinen Handreichung mit dem Titel «Ethische Leitgedanken zur Anwendung der Gentechnologie im industriellen Umfeld». Dank guter Unterstützung und Kompromissbereitschaft von Sei-

ten der Wirtschaft konnte eine hilfreiche Broschüre verfasst werden, die auch im Fernsehen vorgestellt wurde. – Eine zweite Erfahrung: Lange wollte die Wirtschaft von einem Schuldenerlass für Entwicklungsländer nichts wissen. Die Kirchen sahen sich bei den Banken einer eigentlichen Blockade gegenüber. Doch plötzlich änderte sich deren Haltung, wahrscheinlich aufgrund einer weltweiten Entwicklung, bei der man nicht abseits stehen wollte. Eine gemeinsame Stellungnahme wurde möglich. – Und eine dritte Erfahrung: Ein gemeinsames Papier zur Arbeitslosigkeit kam nicht zustande, weil die Wirtschaft von «Arbeit teilen», resp. vermehrter Teilzeitarbeit nichts wissen wollte. Seither hat die Entwicklung den Kirchen recht gegeben. Und fast als Kuriosum sei angefügt, dass eine meiner letzten Interventionen dem Thema «Die zehn Gebote» galt, vorgeschlagen von den Banken …

6. Geschichtlicher Frontenwechsel

Vom 19. Jahrhundert an bis hin zum Zweiten Weltkrieg waren die Kirchen und die politische Linke erbitterte Feinde. Die Kirchen hatten die Arbeiterklasse verloren und standen, wie schon vor der Französischen Revolution, eher auf der Seite der Wohlhabenden, der politischen Rechten. In den letzten zwanzig, dreissig Jahren zeigte sich aber bei verschiedenen politischen Auseinandersetzungen, etwa bei den verschiedenen Trennungsinitiativen von Kirche und Staat, dass die Kirchen viel Unterstützung von links bekamen, ja mit der Linken zusammen auch gewinnen konnten (Sonntagsarbeit). Ihre diakonische Arbeit und ihr sozialpolitisches Engagement wurden anerkannt. Hingegen gab und gibt es mit der Rechten viel Streit, besonders in Asyl- und Ausländerfragen. Dieser doch geschichtlich zu nennende Frontenwechsel ist bemerkenswert.

7. Armut in der Schweiz

Gemäss dem ehemaligen Caritas-Direktor Jürg Krummenacher ist die Armut nach wie vor eines der grössten Probleme unserer Gesellschaft. Es fehle der politische Wille, daran etwas zu ändern, es mangle an einer konsequenten Politik und an einer Strategie zur Ursachenbekämpfung. Es gebe nicht einmal eine verlässliche Armutsstatistik.

Nach den neuesten Zahlen des Bundesamtes für Statistik, sie betreffen das Jahr 2006, gibt es in der Schweiz in Prozenten der erwerbstätigen Bevölkerung von 20–59 Jahren 9% Arme (380'000), 7,6% Menschen (321'000), die von harten finanziellen Entbehrungen betroffen sind, und 4,5% Working poor (146'000). Zählt man die entsprechenden Haushalte und Familienangehörigen dazu, steigen diese Zahlen natürlich beträchtlich. In der Statistik nicht erwähnt sind die Sans-Papiers, wahrscheinlich um die Hunderttausend.

Nun wäre hier zunächst einmal zu fragen, ob die Schweizer Kirchen mit ihrem Wort «Welche Zukunft wollen wir» diese Situation korrekt oder einseitig pessimistisch beschreiben. Danach: Sind die aufgezeigten Lösungen realistisch und Erfolg versprechend, sind sie genügend detailliert, motivierend oder müsste ganz anders «Klartext» geredet werden? Gewiss keine leichte Aufgabe, wie die kleine abschliessende Kostprobe aus dem 3. Kapitel «Familie: Leben in Verbundenheit», Abschnitt «Wege und Ansätze», Nr. 67 zeigen soll:

Trotz der Einsicht in die Tatsache, dass sich die Zukunft der Familie in erster Linie daran entscheidet, welche Werte in unserer Gesellschaft Geltung haben, sind doch auch jetzt schon konkrete Massnahmen möglich und notwendig. Vergleichsweise rasch umsetzbar sind längst überfällige materielle Entlastungen der Familien. Auf einige solche Grundsätze sollten sich die Menschen in Politik und Wirtschaft verständigen. Im Folgenden weisen wir auf Bereiche hin, die uns im Hinblick auf eine schlüssige Familienpolitik vordringlich erscheinen: Generell sollte *ein* volles Erwerbseinkommen für den Unterhalt einer Familie ausreichen. Es ist leider allzu selbstverständlich, dass der Arbeitsmarkt selbst nicht darauf Rücksicht nehmen kann, wie viele Menschen vom Lohn einer Arbeitnehmerin oder eines Arbeitnehmers leben müssen. Deshalb sind wesentlich höhere Kinderzulagen auszurichten als heute. Diese Investition in die Zukunft unserer ganzen Gesellschaft ist bei hinreichendem politischen Willen finanzierbar, sei es durch Arbeitgeber- und Arbeitnehmerbeiträge oder aus Steuermitteln. Die Familien müssen aber ebenfalls bei den Ausgaben entlastet werden durch familiengerechte Reformen des Steuersystems von Bund, Kantonen und Gemeinden und durch entsprechende Regelungen bei den Krankenkasseprämien, vor allem bei unteren Einkommensklassen, in denen Familien mit mehreren Kindern überproportional vertreten sind. Entlastungen müssen aber auch im Wohnungswesen gefunden werden. Auch hier besteht ein einschlägiger Auftrag der Bundesverfassung, das Grundrecht auf angemessenen Wohnraum insbesondere für Familien zu verwirklichen (Art. 41 Abs. 1 Bst. e und Art. 108 Abs. 4).

Autorenverzeichnis

Béatrice Acklin Zimmermann, Dr. theol., Dozentin im Bereich Systematische Theologie an der Theologischen Fakultät der Universität Freiburg/Schweiz und Leiterin des Bereiches Theologie und Philosophie an der Paulus-Akademie Zürich.

Josef Bruhin SJ, Dr. theol., Redaktor der Zeitschrift «Orientierung».

Werner Kramer, Dr. theol., Dr. h.c., ehem. Professor für praktische Theologie an der Universität Zürich, Präsident der Gesellschaft Minderheiten in der Schweiz (GMS).

Adrian Loretan, Dr. theol., Professor für Kirchenrecht und Staatskirchenrecht an der Universität Luzern.

Hermann Lübbe, Dr. phil., Dr. h.c., ehem. Professor für Philosophie und Politische Theorie an der Universität Zürich.

Thomas Maissen, Dr. phil., Professor für Neuere Geschichte an der Universität Heidelberg.

Frank Mathwig, Dr. theol., Beauftragter für Ethik am Institut für Theologie und Ethik des Schweizerisch-Evangelischen Kirchenbundes (SEK).

Ulrich Siegrist, Dr. iur., Rechtsanwalt, Präsident von «Brot für alle» und Lehrbeauftragter für Staatswissenschaften an der ETH Zürich; ehem. National- und Regierungsrat des Kantons Aargau.

Hanspeter Uster, lic. iur., Rechtsanwalt, Leiter des Competence Centers Forensik und Wirtschaftskriminalistik an der Hochschule Luzern, Projektleiter im Justiz- und Sicherheitsbereich, Präsident der Gesellschaft für ethische Fragen; ehem. Regierungsrat des Kantons Zug.

Peter Voll, Dr. rer. soc., Mitarbeiter des Schweizerischen Forums für Migrations- und Populationsstudien SFM und Lehrbeauftragter für die quantitative Analyse sozialer Prozesse an der Universität Neuenburg.